本書をご購入・ご利用になる前に必ずお読みください

- 本書の内容は、執筆時点（2016年7月）の情報に基づいて制作されています。これ以降に製品、サービス、その他の情報の内容が変更されている可能性があります。また、ソフトウェアに関する記述も執筆時点の最新バージョンを基にしています。これ以降にソフトウェアがバージョンアップされ、本書の内容と異なる場合があります。
- 本書は、「Jw_cad」の解説書です。本書の利用に当たっては、「Jw_cad」がインストールされている必要があります。
- 「Jw_cad」は無償のフリーソフトです。そのため「Jw_cad」について、作者、著作権者、ならびに株式会社エクスナレッジはサポートを行っておりません。また、ダウンロードやインストールについてのお問合せも受け付けておりません。
- 本書は、パソコンやWindows、インターネットの基本操作ができる方を対象としています。
- 本書は、Windows 10がインストールされたパソコンで「Jw_cad Version 8.01b」（以降「Jw_cadバージョン8.01b」と表記）を使用して解説を行っています。そのため、ご使用のOSやアプリケーションのバージョンによって、画面や操作方法が本書と異なる場合がございます。
- 本書および付録CD-ROMは、Windows 10/8/7/Vistaに対応しています。なお、Microsoft社がWindows XPのサポートを終了しているため、本書はWindows XPでの使用は保証しておりません。
- 本書に記載された内容をはじめ、付録CD-ROMに収録された教材データ、プログラムなどを利用したことによるいかなる損害に対しても、データ提供者（開発元・販売元・作者等）、著作権者、ならびに株式会社エクスナレッジでは、一切の責任を負いかねます。個人の責任においてご使用ください。
- 本書に直接関係のない「このようなことがしたい」「このようなときはどうすればよいか」など特定の操作方法や問題解決方法、パソコンやWindowsの基本的な使い方、ご使用の環境固有の設定や機器に関するお問合せは受け付けておりません。本書の説明内容に関するご質問に限り、p.207のFAX質問シートにて受け付けております。

以上の注意事項をご承諾いただいたうえで、本書をご利用ください。ご承諾いただけずお問合せをいただいても、株式会社エクスナレッジおよび著作権者はご対応いたしかねます。あらかじめご了承ください。

・Jw_cadの付録CD-ROMへの収録と操作画面の本書への掲載につきましては、Jw_cadの著作権者である清水治郎氏と田中善文氏の許諾をいただいております。
・本書中に登場する会社名や商品、サービス名は、一般に各社の登録商標または商標です。本書では、®およびTMマークは表記を省略しております。

カバー・本文デザイン	坂内 正景
カバー撮影	高橋 郁子
編集協力	鈴木 健二（中央編集舎）
Special Thanks	清水 治郎 ＋ 田中 善文
印刷	図書印刷株式会社

はじめに

　本書は、これからCADを始めようという方のはじめの一歩をお手伝いするための本です。
　ここで学習する「Jw_cad」はフリーソフト（無償のソフトウェア）であり、広い分野で多くの実務者の支持を得ています。

　本書は、簡単な図面を作図したい方、はじめてCADを使おうという方、とりわけパソコンが苦手という方、解説書の細かい文字を追うのが億劫だという方にお勧めします。
　見やすい大きな文字と図版でJw_cadのインストールから図面作図のための基本操作までを説明しています。学習用モチーフを実際に作図することを通して、Jw_cadでの図面作図のための基本的な機能とその操作を学習していただけます。

　本書では、図面作図に最低限必要な機能を習得し、机の正面図や簡単な間取図を作図、印刷することを目標としています。CAD特有のレイヤ機能などには触れていません。
　パソコン操作に慣れている方やCADの使用経験がある方が本格的な図面作図を目標とされる場合には、本書では物足りなく感じると思います。そのような方には、別書『やさしく学ぶJw_cad☆デラックス』をお勧めします。

　本書を通じ、CADユーザーの一歩をしるしていただければ幸いです。

Obra Club

目次

本書の読み方	5
マウス操作とマウスによる指示の表記	6
キーボードによる指示の表記	7
付録CD-ROMについて	8
Jw_cadを使うための準備	9
Jw_cadをインストールしよう	9
教材データをインストールしよう	11
デスクトップにJw_cadのショートカットを作成しよう	12
Windows 8でJw_cadのショートカットを作成する場合	13
Windows 7/VistaでJw_cadのショートカットを作成する場合	13
Jw_cadを起動しよう	14
Jw_cadウィンドウを最大化しよう	14
表示設定を変更しよう	15
基本的な設定を行おう	18
Jw_cadを終了しよう	19
Jw_cadの画面と各部名称	20

1章　線や円をかいてみよう …… 21

2章　決められた寸法の図をかこう …… 35

3章　保存した図面を開き、続きを作図して印刷しよう …… 57

4章　机の正面図を作図しよう …… 81

5章　間取図を作図しよう …… 121

ステップアップ講座	177
本書の解説どおりにならない場合のQ&A	190
Jw_cadをアンインストールする方法	204
索引	205
FAX質問シート	207

本書の読み方

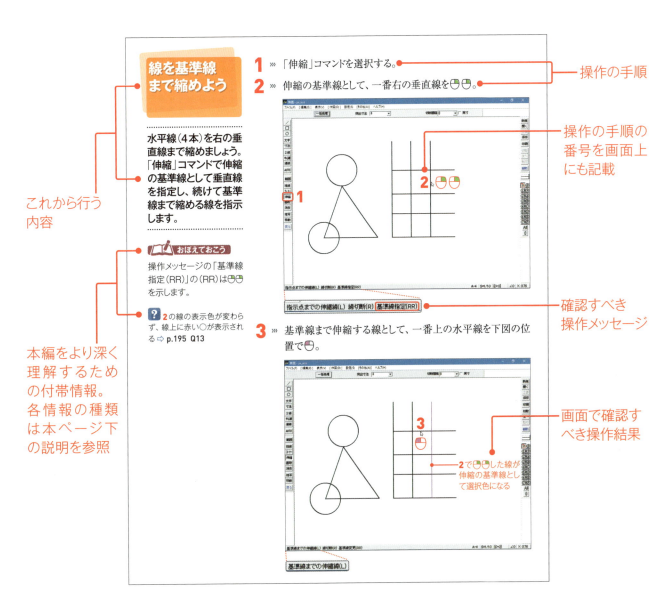

 おぼえておこう

確実に覚えておきたい操作上のきまりや注意点を記載しています。

 表示されない ⇨ p.190 Q3

本書の説明とは異なる現象が起きた場合に、その原因と対処方法がわかる参照ページを案内しています。

 ヒント

操作のコツや別の操作方法などを記載しています。

拡大表示 ⇨ p.73

以前学習した操作方法や関連機能の記載ページを案内しています。

マウス操作とマウスによる指示の表記

Jw_cadでは、コマンドの選択、作図操作など、大部分の指示をマウスで行います。マウスによる指示は、画面に表示されるマウスポインタの先端を目的の位置に合わせ、マウスボタンを押すことで行います。

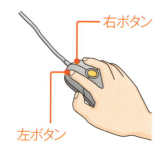

左のイラストのように、左ボタンの上に人差し指、右ボタンの上に中指を置くように、マウスを持ちます。
左ボタンは人差し指で、右ボタンは中指で押すように習慣づけましょう。

クリック

ボタンを「カチッ」と1回押します。ボタンは、押したらすぐにはなします。

本書での表記例
- 🖱(画面図上では🖱) クリック　：左ボタンを1回押す。
- 🖱(画面図上では🖱) 右クリック：右ボタンを1回押す。

ダブルクリック

ボタンを「カチカチッ」と立て続けに2回押します。

本書での表記例
- 🖱🖱(🖱🖱) ダブルクリック　：左ボタンを立て続けに2回押す。
- 🖱🖱(🖱🖱) 右ダブルクリック：右ボタンを立て続けに2回押す。

ドラッグ

ボタンを押したままマウスを動かした後、ボタンをはなします。

本書での表記例
- 🖱↑ドラッグ　：左ボタンを押したままマウスを上方向へ動かした後、ボタンをはなす。
- 🖱↘両ドラッグ：左右両方のボタンを押したままマウスを右下方向へ動かした後、ボタンをはなす。

解説画面図上には、左図のように、ドラッグ方向に模様線の矢印を表記します。

キーボードによる指示の表記

特定のキーを押すことによる指示の表記

「Escキーを押す」のように、囲み（ ）付きで押すキーの名称を表記します。以下に、本書で表記する主なキーの表記例とキーボード上の位置を記載します。

図は標準的なWindowsパソコンの例で、パソコンによってキーの表記や位置が異なります。

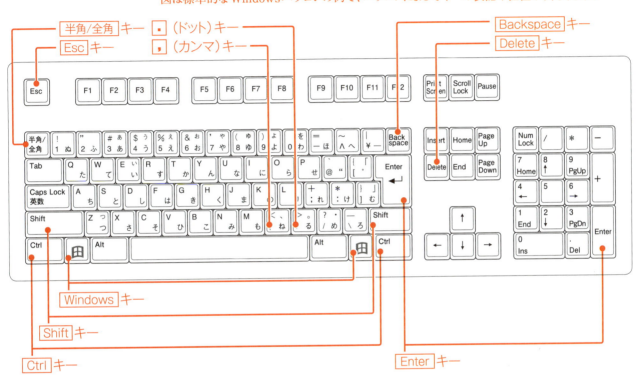

数値・文字の入力の表記

数値や文字の入力は、「700」や「事務机」のように、入力する数値や文字を「 」付きで表記します。Jw_cadでは、原則として、数値入力後のEnterキーは押しません。

本書での表記例　コントロールバー「寸法」ボックスに「700」を入力する。

寸法や角度などの数値を指定する場合は、該当する入力ボックスを🖱し、入力状態（ボックス内で入力ポインタが点滅する）にしたうえで、キーボードから数値を入力します。

すでに入力ボックスでポインタが点滅している場合や、表示されている数値・文字が色反転している場合は、入力ボックスを🖱せずに、直接キーボードから入力できます。

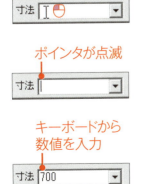

付録CD-ROMについて

付録CD-ROM 使用上の注意

本書付録CD-ROMを使用するに当たって、以下の注意事項を必ずお読みになり、ご承諾いただいたうえで、本CD-ROMをご利用ください。ご承諾いただけずお問合せをいただいても、株式会社エクスナレッジおよび著作権者はご対応いたしかねます。あらかじめご了承ください。

- 本CD-ROMは、Windows 10/8/7/Vistaに対応しています。なお、Microsoft社がWindows XPのサポートを終了しているため、本書はWindows XPでの使用は保証しておりません。

- 「Jw_cad」は無償のフリーソフトです。そのため「Jw_cad」について、作者、著作権者、ならびに株式会社エクスナレッジはサポートを行っておりません。また、ダウンロードやインストールについてのお問合せも受け付けておりません。

- 本書に記載された内容をはじめ、本CD-ROMに収録された教材データ、プログラムなどを利用したことによるいかなる損害に対しても、データ提供者（開発元・販売元・作者等）、著作権者、ならびに株式会社エクスナレッジでは、一切の責任を負いかねます。個人の責任においてご使用ください。

- 本CD-ROMには、「Jw_cadバージョン8.01b」と、旧バージョンの「Jw_cadバージョン7.11」の2つのJw_cadが収録されています。通常はバージョン8.01bをインストールしますが、諸般の事情によりバージョン7.11をインストールする場合は、「ver711」フォルダ内のPDFファイル「ver711inst(.pdf)」をお読みになり、動作環境やインストール方法などをご確認ください。

- 本CD-ROMに収録されたデータは著作権上の保護を受けています。本CD-ROMに収録されているデータは、本書に定められた目的以外で使用・複製・変更・譲渡・貸与することを禁じます。

付録CD-ROM の収録内容

付録CD-ROMには、下図のように、教材データと2つのJw_cadが収録されています。

Jw_cadを使うための準備

付録CD-ROMに収録されているJw_cadバージョン8.01bと教材データをパソコンにインストールし、本書でJw_cadを学習するために必要な設定を行いましょう。

※ **Jw_cadバージョン8.01bの対応OS（基本ソフト）：Windows 8/7/Vista**
　Jw_cadバージョン8.01bの、Windows 10での動作については、2016年7月現在、Jw_cadのヘルプ「jw_win.txt」の動作環境に記載がないため完全に対応しているとはいえませんが、インターネットなどで複数の利用者によって動作することが報告されています。また、本書では、Windows 10での動作を確認しております。

Jw_cadをインストールしよう

付録CD-ROMから Jw_cad バージョン8.01bをインストールしましょう。

❓ 付録CD-ROMの開き方
⇨ p.190 Q1

1 » パソコンのCDまたはDVDドライブに付録CD-ROMを挿入し、付録CD-ROMを開く。

2 » 付録CD-ROMに収録されている「jww801b(.exe)」のアイコンにマウスポインタを合わせ🖱🖱。

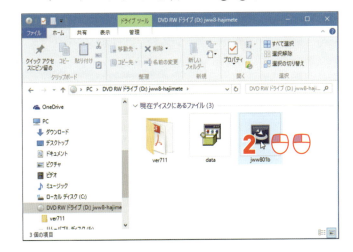

3 » 「Jw_cad-InstallShield Wizard」ウィンドウが開くので、「次へ＞」ボタンを🖱。

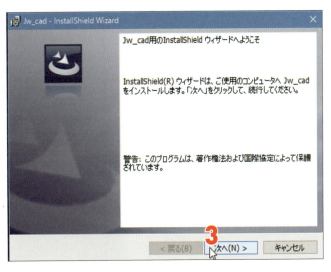

4 » 使用許諾契約書を必ず読み、同意したら「使用許諾契約の条項に同意します」を🖱して選択する。

5 » 「次へ＞」ボタンを🖱。

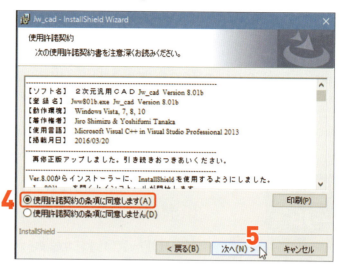

6 » インストール先が示されるので「次へ＞」ボタンを🖱。

7 » 「インストール」ボタンを🖱。

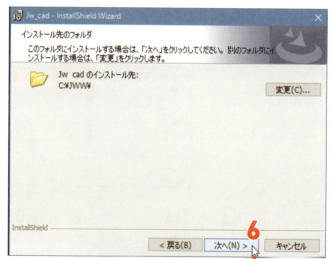

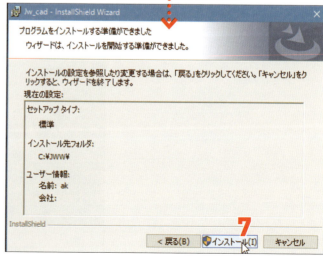

「InstallShieldウィザードを完了しました」と表示されたらインストールは完了です。

❓「エラー 1310…」と表記されたウィンドウが開く ⇨ p.190 Q2

8 » 「完了」ボタンを🖱。

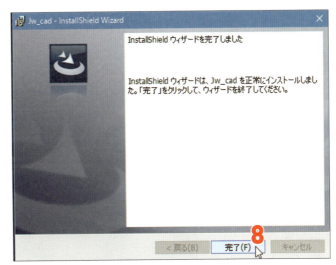

教材データをインストールしよう

続けて、付録CD-ROMから教材データをパソコンにインストールしましょう。

1 » 「data(.exe)」を🖱🖱。

2 » 「展開先の指定」ウィンドウが開くので、「OK」ボタンを🖱。

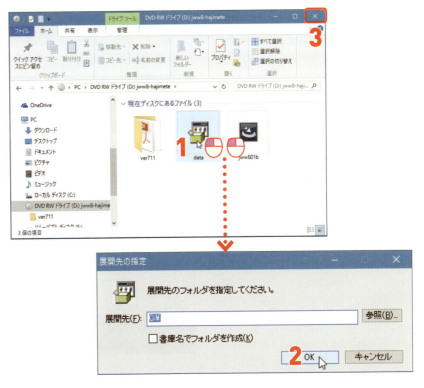

一時的に開く「進捗状況」ウィンドウが閉じたらインストールは完了です。

3 » 付録CD-ROMのウィンドウ右上の ❌ (閉じる)を🖱してウィンドウを閉じ、付録CD-ROMを取り出す。

11

デスクトップにJw_cadのショートカットを作成しよう　Win10

Jw_cadを起動するためのショートカットアイコンをデスクトップに作成しましょう。Windows 8/7/Vistaと10とでは操作手順が異なります。8/7/Vistaは次ページを参照してください。

❓ 2でスタートメニューに「Jw_cad」が表示されない
⇨ p.191 Q3

1 » 「スタート」ボタンを🖱。

2 » スタートメニューの「最近追加されたもの」に表示される「Jw_cad」を🖱。

3 » 表示されるメニューの「その他」を🖱。

4 » さらに表示される「ファイルの場所を開く」を🖱。

5 » 「Jw_cad」ウィンドウが開くので、「Jw_cad」を🖱。

6 » 表示されるメニューの「送る」を🖱。

7 » さらに表示されるメニューの「デスクトップ（ショートカットを作成）」を🖱。

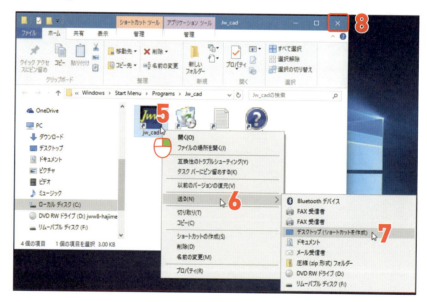

8 » デスクトップにJw_cadのショートカットアイコンが作成されたら、ウィンドウ右上の×（閉じる）を🖱し、ウィンドウを閉じる。

デスクトップにJw_cadのショートカットアイコンが作成されます。p.14へ進んでください。

Windows 8でJw_cadのショートカットを作成する場合 Win8

Windows 8では、右の手順で作成します。

? 2でスタートメニューに「Jw_cad」が表示されない ⇒ p.191 Q3

1 » 「スタート」ボタンを🖱し、スタート画面にする。

2 » スタート画面に表示される「Jw_cad」を🖱。

3 » 表示されるメニューの「ファイルの場所を開く」を🖱。

4 » 「Jw_cad」ウィンドウが開くので、前ページ（Windows 10の場合）の 5 ～ 8 を行う。

Windows7/VistaでJw_cadのショートカットを作成する場合 Win 7/Vista

Windows 7/Vistaでは、右の手順で作成します。

? 2でスタートメニューに「Jw_cad」が表示されない ⇒ p.191 Q3

デスクトップにJw_cadのショートカットアイコンが作成されます。次ページへ進んでください。

1 » 「スタート」ボタンを🖱。

2 » スタートメニューに表示される「Jw_cad」を🖱。

3 » 表示されるメニューの「送る」を🖱。

4 » さらに表示されるメニューの「デスクトップ（ショートカットを作成）」を🖱。

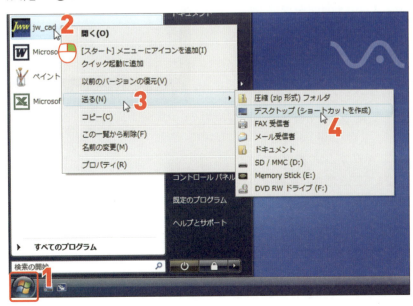

Jw_cadを起動しよう

デスクトップに作成したショートカットからJw_cadを起動しましょう。

1 » デスクトップに作成したJw_cadのショートカットアイコンを🖱🖱。

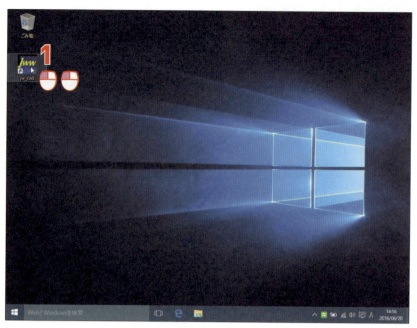

Jw_cadウィンドウを最大化しよう

Jw_cadウィンドウをパソコン画面全体に表示（最大化）しましょう。

 **ヒント**

ディスプレイの解像度により、Jw_cad画面左右のツールバーの配置が右図と異なる場合があります。その場合もp.15「表示設定を変更しよう」を行うことで、本書と同じ画面に設定できます。本書では、1024×768の解像度のWindows 10の画面で解説します。1366×768などのワイド画面では、本書よりも横長の画面（➡p.20）になります。

1 » 起動したJw_cadの画面右上の▫（最大化）を🖱。

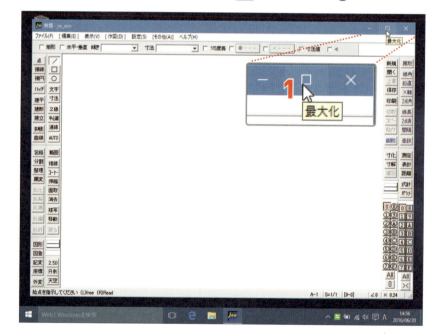

14　はじめて学ぶJw_cad 8

ヒント

「最大化」を🖱すると、Jw_cadウィンドウがパソコン画面全体に表示され、「最大化」は「元に戻す(縮小)」に代わります。「元に戻す(縮小)」を🖱すると、「最大化」を🖱する前のウィンドウサイズに戻ります。

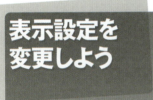

「元に戻す(縮小)」

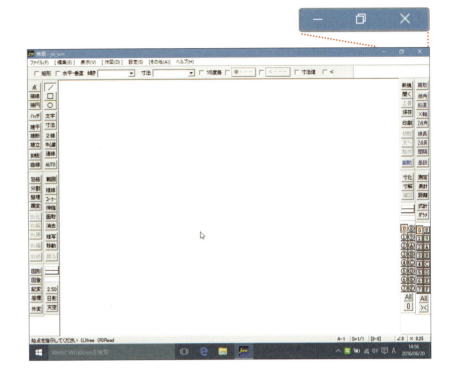

表示設定を変更しよう

表示メニューの「Direct2D」の設定を無効にしましょう。「Direct2D」は、大容量データを扱うときに有効な設定です。本書では不要なため、チェックを外します。

1 » メニューバー[表示]を🖱。

2 » 表示されるプルダウンメニューでチェックが付いている「Direct2D」を🖱。

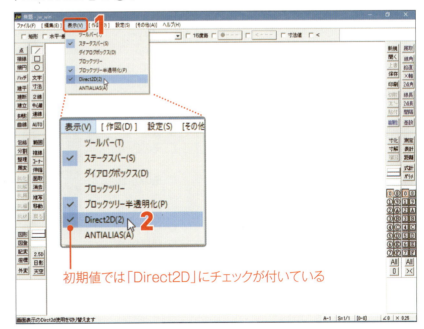

初期値では「Direct2D」にチェックが付いている

Jw_cadの画面左右のツールバーには作図のための道具（コマンド）が並んでいます。Jw_cadに早く慣れるよう、よく使うコマンドだけを左右のツールバーに並べる設定に変更しましょう。

おぼえておこう

作図や設定などの操作を行うには、はじめにそのためのコマンドを選択します。コマンドは、メニューバーのメニューを🖱し、プルダウンメニューから🖱で選択します。このコマンド選択を1回の🖱でできるよう、左右のツールバーによく利用するコマンドボタンを表示しておくことができます。

おぼえておこう

「ツールバーの表示」ダイアログでチェックが付いている項目が、現在画面に表示されているツールバーです。項目のチェックボックスを🖱することで、チェックを外すことや付けることができます。

3 » メニューバー［表示］を🖱。

4 » プルダウンメニューの「ツールバー」を🖱で選択する。

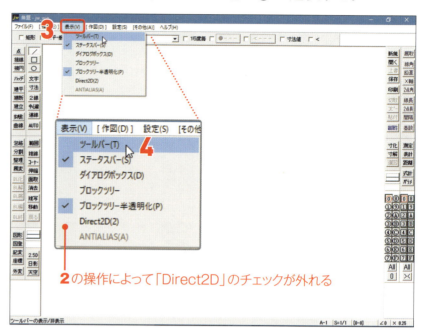

2の操作によって「Direct2D」のチェックが外れる

5 » 「ツールバーの表示」ダイアログの「編集(2)」のチェックボックスを🖱し、チェックを外す。

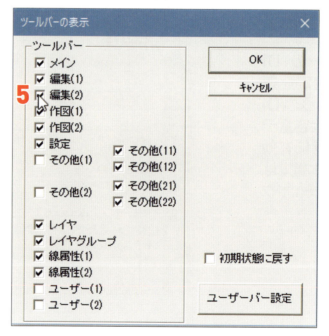

Jw_cadを使うための準備

16　はじめて学ぶJw_cad 8

6 » 同様に「作図(2)」「設定」「その他(11)」「その他(12)」「その他(21)」「その他(22)」「レイヤグループ」「線属性(1)」のチェックボックスを🖱し、チェックを外す(「線属性(2)」にチェックがない場合は🖱し、チェックを付ける)。

7 » 下図の5つの項目にチェックが付いた状態にして、「OK」ボタンを🖱。

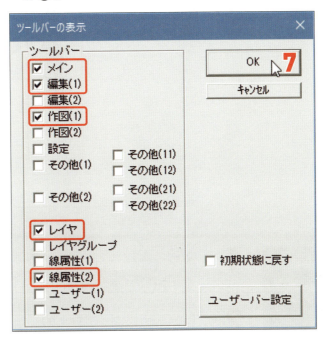

6でチェックを付けたツールバーのみが画面の左右に表示されます。右のツールバーには右図のように隙間ができます。このままでも今後の作図操作には問題ありませんが、隙間を詰めましょう。

❓ 右図とは異なり「線属性」バーがツールバーから飛び出している ⇨ p.192 Q4

8 » 右のツールバーに追加された「線属性」バー上辺にマウスポインタを合わせ🖱⬆(左ボタンを押したまま上方向に移動)し、「線属性」コマンド下辺付近でボタンをはなす。

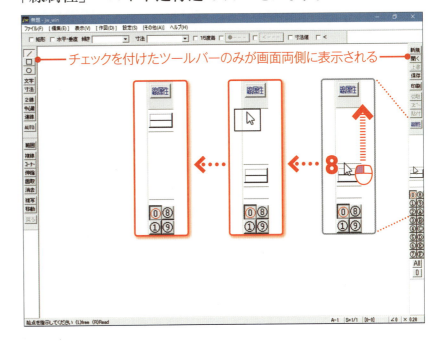

9 » 同様に、その下のツールバー上辺から🖱⬆し、「線属性」バーの下辺付近でボタンをはなす。

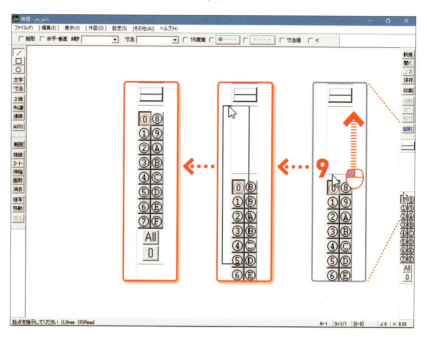

基本的な設定を行おう

これからJw_cadを習うにあたって、必要になるいくつかの基本的な設定をしましょう。

1 » メニューバー[設定]を🖱し、プルダウンメニューの「基本設定」を🖱で選択する。

2 » 「jw_win」ダイアログの「一般(1)」タブの「クロックメニューを使用しない」を🖱し、チェックを付ける。

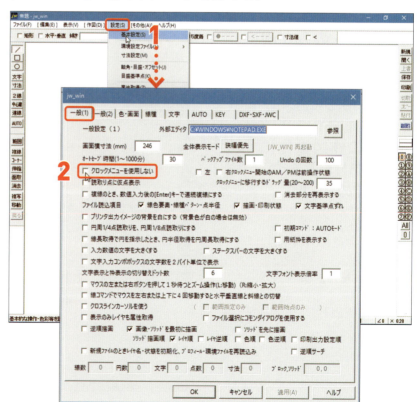

18　はじめて学ぶJw_cad 8

おぼえておこう

「OK」ボタンを🖱することで、設定を確定し、「jw_win」ダイアログが閉じます。ここで設定した内容はJw_cadを終了した後も有効です。

3 » 同様にして、下図の枠で囲んだ項目にチェックを付けた状態にする。

4 » 「jw_win」ダイアログの「OK」ボタンを🖱。

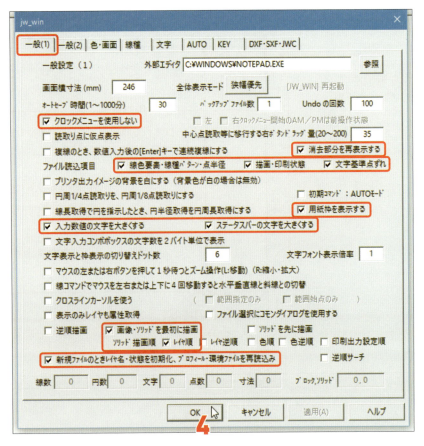

Jw_cadを終了しよう

次ページの「Jw_cadの画面と各部名称」を確認したら、いったんJw_cadを終了しましょう。これまで行った設定はJw_cadを終了した後も有効です。

 ヒント

タイトルバー右の✕（閉じる）を🖱することでもJw_cadを終了できます。

1 » メニューバー［ファイル］を🖱し、プルダウンメニューの「Jw_cadの終了」を🖱で選択する。

Jw_cadの画面と各部名称

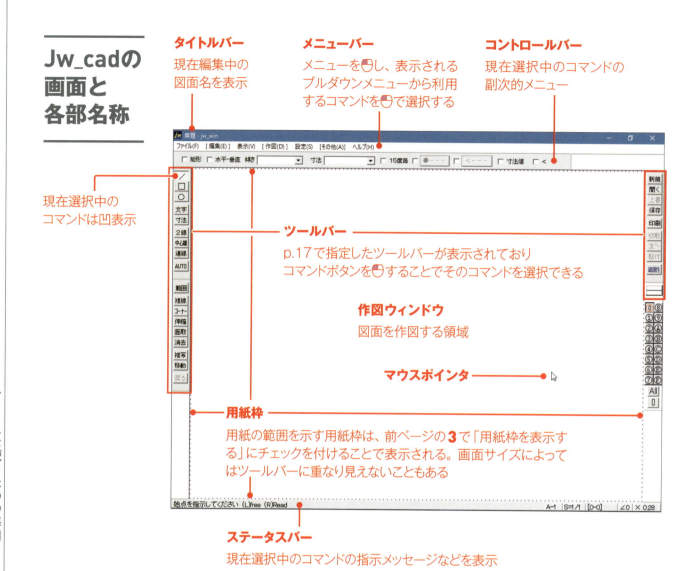

タイトルバー
現在編集中の図面名を表示

メニューバー
メニューを🖱し、表示されるプルダウンメニューから利用するコマンドを🖱で選択する

コントロールバー
現在選択中のコマンドの副次的メニュー

現在選択中のコマンドは凹表示

ツールバー
p.17で指定したツールバーが表示されておりコマンドボタンを🖱することでそのコマンドを選択できる

作図ウィンドウ
図面を作図する領域

マウスポインタ

用紙枠
用紙の範囲を示す用紙枠は、前ページの**3**で「用紙枠を表示する」にチェックを付けることで表示される。画面サイズによってはツールバーに重なり見えないこともある

ステータスバー
現在選択中のコマンドの指示メッセージなどを表示

💡ヒント

ワイド画面の場合

用紙の範囲を示す用紙枠は右図のように表示され、左右には余白ができます。この左右の余白に図をかくこともできます。ただし、印刷する図面は用紙枠内に作図してください。

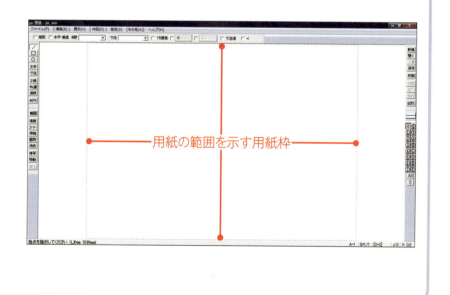

用紙の範囲を示す用紙枠

1章 線や円をかいてみよう

ここでは、線や円をかく・消す操作を通して、Jw_cadのマウス操作に慣れましょう。
線をかくには「／」コマンドを、円をかくには「○」コマンドを、まずはじめに選択します。
画面下のステータスバーには、選択したコマンドで行う操作を示すメッセージが表示されます。
はじめのうちは、この操作メッセージを確認しながら作図操作を行いましょう。

▼この章で学習するコマンド

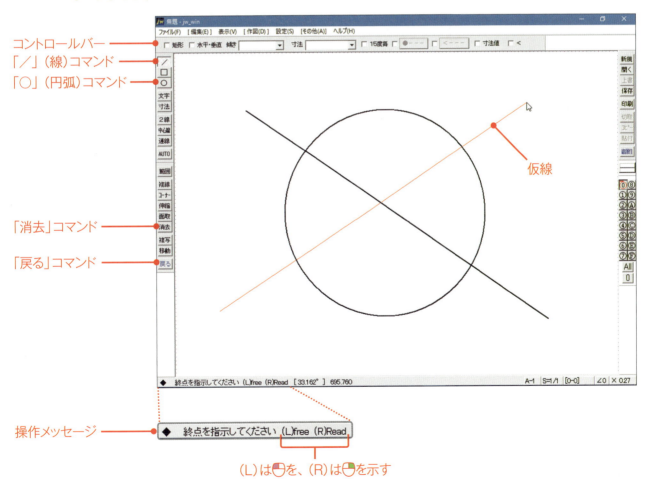

円をかこう

円をかくための「○」(円弧)コマンドを選択し、円をかいてみましょう。円は、その中心位置と大きさ(半径)を決める位置を指示して作図します。

📘 Jw_cadの起動 ➡ p.14

❓ 「○」コマンドを🖱したが選択されない(凹表示にならない) ➡ p.192 Q5

📖 おぼえておこう

円・弧をかくには、はじめに「○」(円弧)コマンドを選択します。「○」コマンドは、メニューバー[作図]を🖱し、表示されるプルダウンメニューの「円弧」を🖱でも選択できます。「○」コマンドを選択すると、画面下のステータスバーに、「○」コマンドではじめに行う操作を指示するメッセージが表示されます。

1 » Jw_cadを起動する。

2 » ツールバーの「○」コマンドにマウスポインタを合わせ🖱。

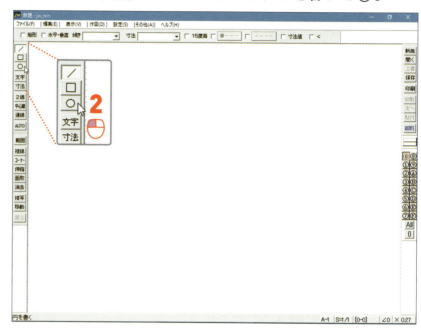

3 » 円の中心点として、作図ウィンドウの中央で🖱。

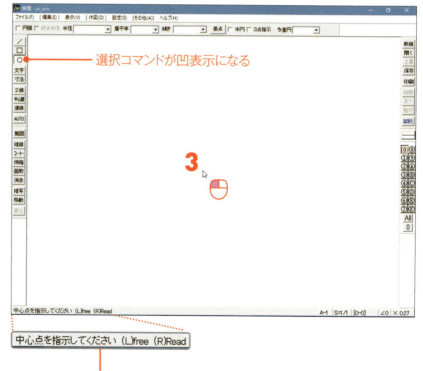

選択コマンドが凹表示になる

「○」コマンドの操作メッセージが表示される

1章 線や円をかいてみよう

22 はじめて学ぶJw_cad 8

おぼえておこう

3で押したボタンをはなしたうえでマウスを動かしてください。ボタンを押したままマウスを動かすと、別の操作を意味する「ドラッグ」になります。

4 » マウスポインタを移動し、マウスポインタまで円が仮表示されることを確認する。

5 » 円位置として、下図の位置で🖱。

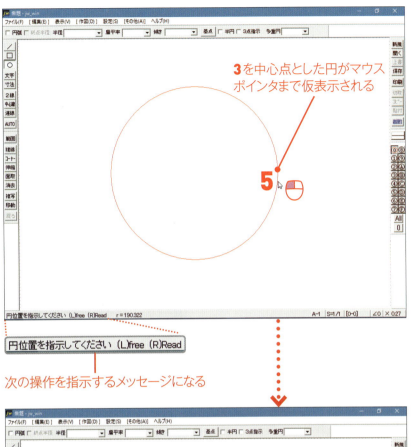

3を中心点とした円がマウスポインタまで仮表示される

円位置を指示してください (L)free (R)Read

次の操作を指示するメッセージになる

おぼえておこう

円が作図された後のステータスバーの操作メッセージは、はじめの「中心点を指示してください」になります。他のコマンドを選択するまでは、中心点を指示することで、続けて次の円を作図できます。また、操作メッセージの後ろには、「r=…」のように直前に作図した円の半径が表示されます。適当にかいた円でも、CADはその半径を把握しています。

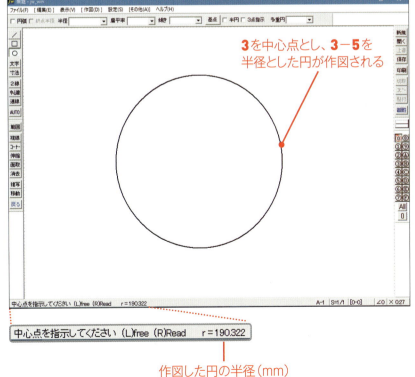

3を中心点とし、3-5を半径とした円が作図される

中心点を指示してください (L)free (R)Read　r = 190.322

作図した円の半径(mm)

線をかこう

線をかくための「／」（線）コマンドを選択し、線をかいてみましょう。線は、かき始め（始点）とかき終わり（終点）の2点を指示することで作図します。

1 » ツールバーの「／」コマンドを🖱。

2 » 線の始点として、作図ウィンドウの左上で🖱。

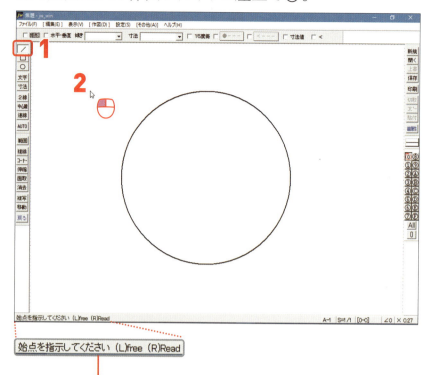

始点を指示してください (L)free (R)Read

「／」コマンドで最初に行う操作を指示するメッセージ

3 » マウスポインタを右下に移動する。

4 » 線の終点として、作図ウィンドウの右下で🖱。

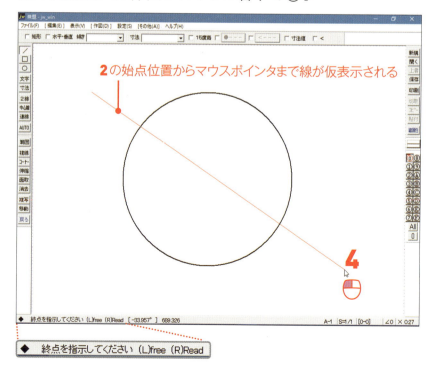

2の始点位置からマウスポインタまで線が仮表示される

終点を指示してください (L)free (R)Read

おぼえておこう

2で押したボタンをはなした後、マウスを動かしてください。ボタンを押したままマウスを動かすと、別の操作を意味する「ドラッグ」になります。

❓ 仮表示の線が水平線または垂直線にしかならない
⇨ p.192 Q6

他のコマンドを選択するまでは、続けて始点を指示することで、次の線を作図できます。左下から右上に斜線をかきましょう。

5 » 次の線の始点として、作図ウィンドウの左下で🖱。

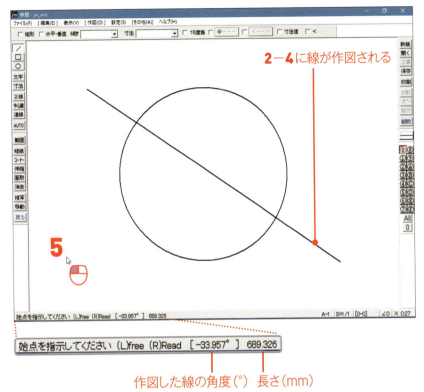

始点を指示してください (L)free (R)Read ［-33.957°］ 689.326
作図した線の角度(°)　長さ(mm)

おぼえておこう

操作メッセージの後ろには、直前に作図した線の角度と長さが表示されます。適当にかいた線でもCADはその角度と長さを把握しています。

6 » 終点として、作図ウィンドウの右上で🖱。

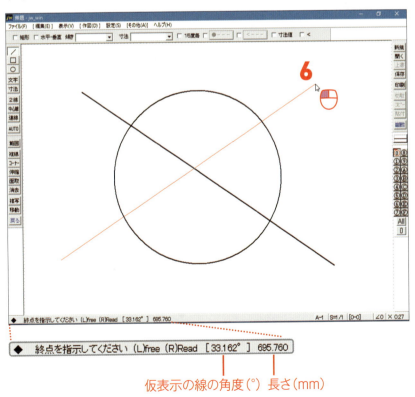

◆ 終点を指示してください (L)free (R)Read ［33.162°］ 695.760
仮表示の線の角度(°)　長さ(mm)

おぼえておこう

操作メッセージの後ろには、仮表示されている線の角度と長さが表示されます。マウスポインタの移動に伴い、表示される角度と長さも変化します。

線端部を結ぶ線をかこう

斜線の左端部を結ぶ線をかきましょう。線の始点・終点指示時に既存の線の端部にマウスポインタを合わせ🖱することで、線端部を始点・終点とする線を作図できます。

おぼえておこう

操作メッセージの「(R)」は🖱を指し、「Read」は🖱位置に近い点を読み取ることを意味します。線の両端には、🖱で読み取れる「端点」が存在します。

1 » 始点として、左上の線端部にマウスポインタを合わせ🖱。

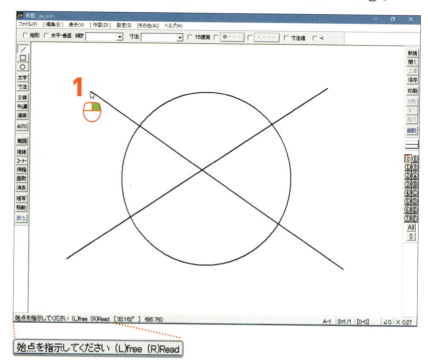

始点を指示してください (L)free (R)Read

2 » 終点として、左下の線端部にマウスポインタを合わせ🖱。

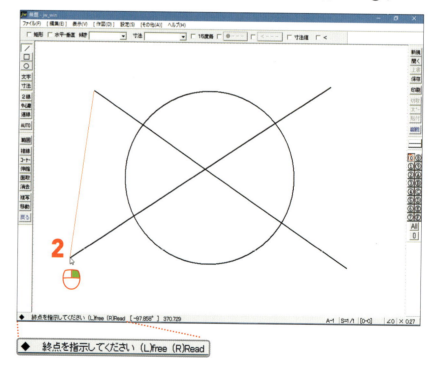

◆ 終点を指示してください (L)free (R)Read

斜線の右端部を結ぶ線をかきましょう。

3 »» 始点位置として、右下の線端部を🖱。

4 »» 終点位置として、右上の線端部を🖱。

❓ 🖱すると 点がありません と表示される ⇨ p.193 Q7

❓ 間違えて🖱した ⇨ p.193 Q8

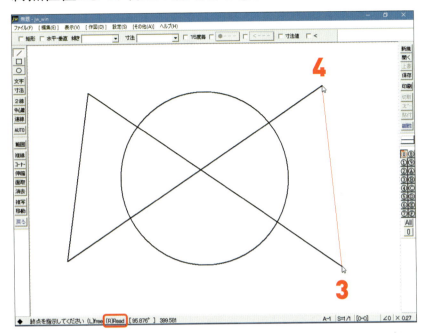

📖 おぼえておこう

座標点

CADで作図した線は始点と終点の2つの座標点(X,Y)で構成されています。線の端部には🖱で読み取りできる「端点」があり、線どうしが交差した位置にも🖱で読み取りできる「交点」があります。操作メッセージの(L)は🖱、(R)は🖱を指します。点指示時の操作メッセージに「(L)free (R)Read」がある場合、🖱で新たに座標点を作成し、🖱では既存の座標点を読み取ります。

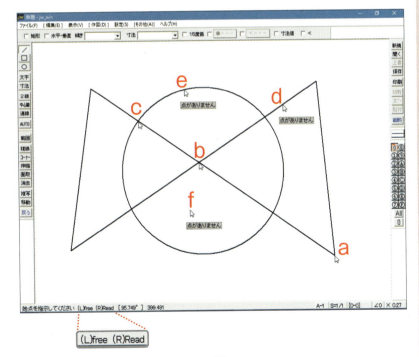

上図のa(端点)、bとc(交点)は🖱で読み取れる
d(線上)、e(円上)、f(何もない位置)で🖱した場合、近くに読み取り可能な点が存在しないため、点がありません とメッセージが表示され、点指示できない

水平線、垂直線をかこう

「／」コマンドのコントロールバー「水平・垂直」にチェックを付けることで水平線、垂直線を作図できます。中央の交点から右に水平線をかきましょう。

1 » 「／」コマンドのコントロールバー「水平・垂直」を🖱し、チェックを付ける。

2 » 始点として、中央の斜線どうしの交点を🖱。

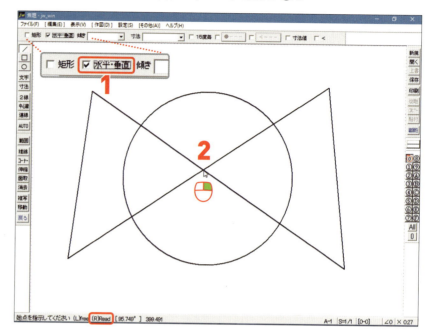

おぼえておこう

「／」コマンドのコントロールバー「水平・垂直」にチェックを付けることで、作図する線の角度は水平方向（始点から見て0°/180°）と垂直方向（始点から見て90°/270°）に固定されます。

3 » マウスポインタを右方向へ移動し、水平線が仮表示されることを確認する。

4 » 終点として、下図の位置で🖱。

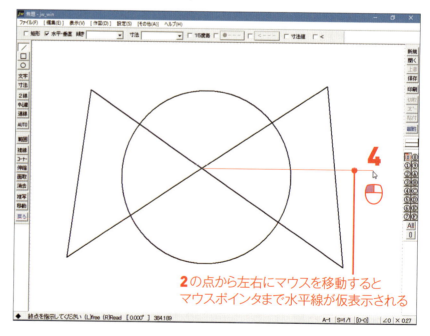

2の点から左右にマウスを移動するとマウスポインタまで水平線が仮表示される

中央の交点から上に垂直線をかきましょう。

📖 **おぼえておこう**

作図する線の始点(または終点)として既存の点を指示するには🖱、点のない位置を始点(または終点)にするには🖱します。

5 » 始点として、中央の交点を🖱。

6 » マウスポインタを上方向に移動して垂直線が仮表示されることを確認し、終点として下図の位置で🖱。

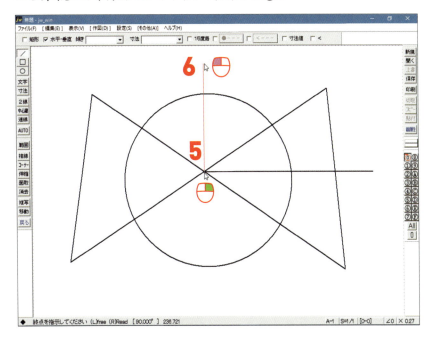

中央の交点から左に水平線、下に垂直線をかきましょう。

7 » 始点として中央の交点を🖱し、マウスポインタを左に移動して終点を🖱。

8 » 始点として中央の交点を🖱し、マウスポインタを下に移動して終点を🖱。

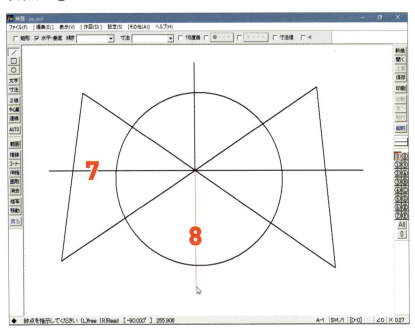

線・円を消そう

線や円を消すには、「消去」コマンドを選択し、消す線や円を🖱で指示します。
円を消しましょう。

📖 おぼえておこう

「消去」コマンドでの🖱と🖱の使い分けは、「／」コマンドとは異なります。線・円全体を消すには🖱で、線・円の一部分を消すには🖱で、それぞれ指示します。

❓ 指示した線や円が消えず、色が変わった。またはその一部だけが消えた ⇨ p.193 Q9

斜線を消しましょう。

1 » ツールバーの「消去」コマンドを🖱で選択する。

2 » 消去対象として、円を🖱。

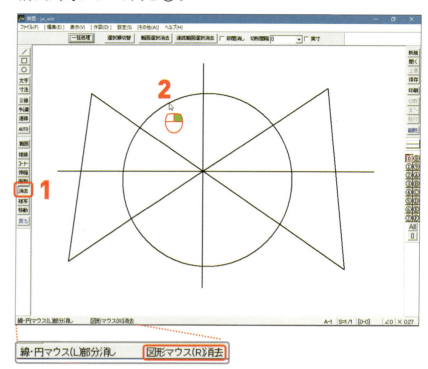

3 » 次の消去対象として、下図の斜線を🖱。

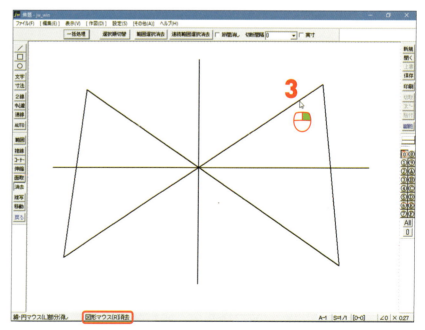

1章 線や円をかいてみよう

30　はじめて学ぶJw_cad8

線を消す前の状態に戻そう

操作を間違えたとき、1つ前の操作を取り消し、操作を行う前の状態に戻すことができます。直前に消した線を、消す前の状態に戻しましょう。

おぼえておこう

「戻る」コマンドは、直前の作図・編集操作を取り消し、その前の状態に戻す指示です。「戻る」コマンドを🖱することで、🖱した回数分、操作前の状態に戻せます。「戻る」コマンドを🖱する代わりに、[Esc]キーを押すことでも作図・編集操作前に戻すことができます。

「戻る」コマンドを余分に🖱して戻しすぎた場合 ⇨ p.34「ヒント」

1 » ツールバーの「戻る」コマンドを🖱。

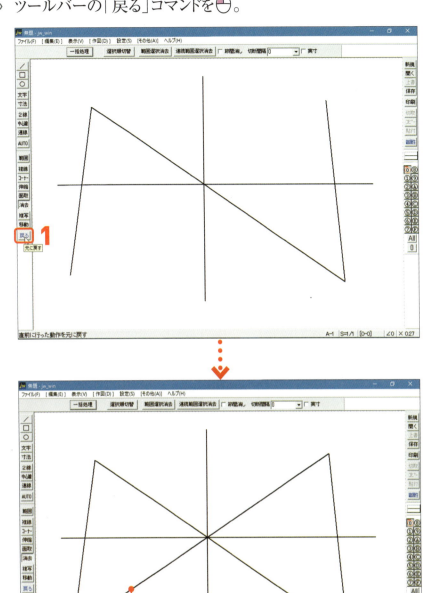

直前に消した線が消去前に戻る

線を消そう

1 » 「消去」コマンドで左の線を🖱。

2 » 右の線を🖱。

「戻る」コマンドを🖱後も、その前に使用していた「消去」コマンドが選択されています。左右の線2本を🖱して消しましょう。

📖 おぼえておこう

「戻る」コマンドを🖱しても、現在選択しているコマンドは変更されません。

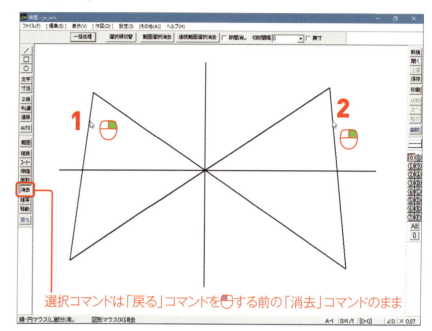

円をかこう

1 » ツールバーの「○」コマンドを🖱で選択する。

2 » 中心点として、中央の線交点を🖱。

3 » 円位置として、下図の位置で🖱。

線の交点を中心とする円をかきましょう。

📖 おぼえておこう

「○」コマンドでの点指示も、「／」コマンドと同様、既存点を読み取るには🖱(Read)、点のない位置を指示するには🖱(free)します。

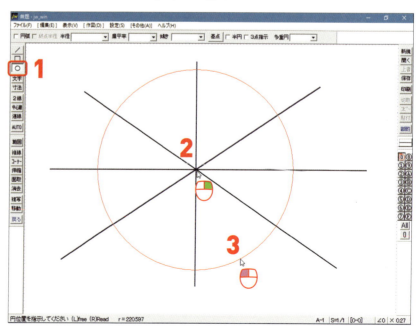

1章 線や円をかいてみよう

やってみよう

既存の点を結ぶ線をかきましょう。

覚えておこう

点がありませんというメッセージが表示されても、「戻る」コマンドを🖱しないでください。このメッセージは、🖱した付近に読み取りできる点がないことを知らせるもので、操作の間違いを指摘するものではありません。あらためて読み取る点に正確にマウスポインタを合わせ🖱してください。

1 » 「／」コマンドを選択し、コントロールバー「水平・垂直」を🖱して、チェックを外す。

2 » 下図のように、線端点、交点どうしを結ぶ線を作図する。

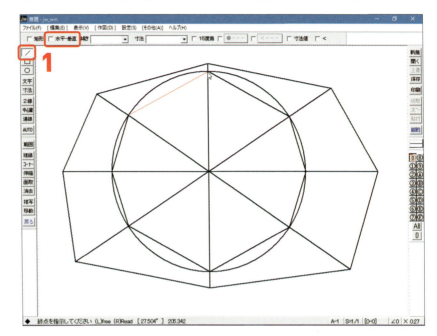

Jw_cadを終了しよう

Jw_cadを終了しましょう。

1 » メニューバー［ファイル］を🖱し、プルダウンメニューの「Jw_cadの終了」を🖱。

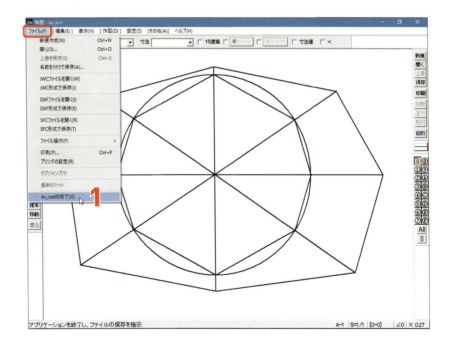

覚えておこう

このまま終了すると、作図ウィンドウの図は破棄されます。作図ウィンドウの図を残しておくには図面ファイルとして保存する必要があるため右図のメッセージウィンドウが表示されます。ここでは図面を保存せずに終了するため、「いいえ」ボタンを🖱します。

2 » 下図のメッセージウィンドウが表示されるので、「いいえ」ボタンを🖱。

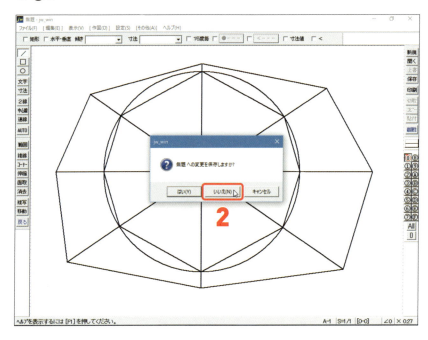

ヒント

「進む」コマンド

p.31では、「戻る」コマンドを🖱することで、🖱した回数分、作図・編集操作前の状態に戻せることを学習しました。ここでは「戻る」コマンドを余分に🖱して戻しすぎた場合に、「戻る」コマンドを🖱する前の状態に復帰する方法を紹介します。

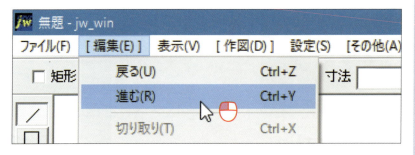

メニューバー[編集]を🖱し、プルダウンメニューの「進む」を🖱することで、「戻る」コマンドを🖱する前の状態に復帰できる

復帰する内容がない場合は、メニューバー[編集]のプルダウンメニューの「進む」はグレーアウトされ選択できない

2章 決められた寸法の図をかこう

Jw_cadで寸法を指定して図を作図するとき、
その寸法は縮尺にかかわりなく実寸（mm）で指定します。
用紙サイズをA4に、縮尺を1/10に設定し、下図を作図しましょう。
また、作図した図を必要なときに利用できるよう、図面ファイルとして保存しましょう。

▼ 完成図

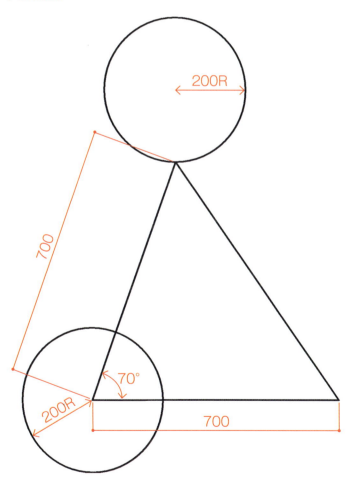

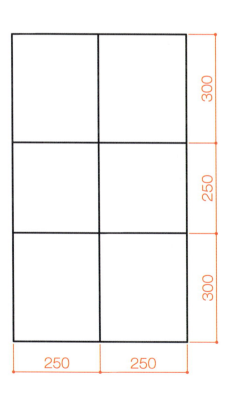

用紙サイズを設定しよう

ステータスバー右の「**用紙サイズ**」ボタンには現在の用紙サイズが表示されています。用紙サイズをA4に変更しましょう。

1 » Jw_cadを起動する。

2 » 「用紙サイズ」ボタンを🖱し、表示されるリストの「A-4」を🖱で選択する。

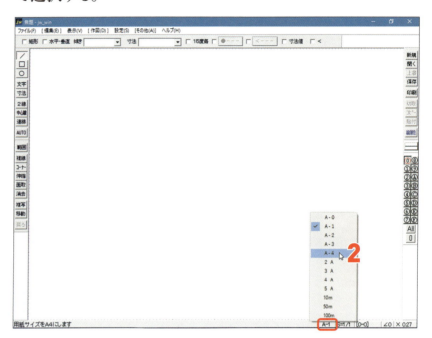

縮尺を設定しよう

ステータスバー右の「**縮尺**」ボタンには現在の縮尺が表示されています。縮尺を1/10に変更しましょう。

1 » 「縮尺」ボタンを🖱。

2 » 「縮尺・読取 設定」ダイアログの「縮尺」の「分母」ボックスに、キーボードから「10」を入力する。

3 » 「OK」ボタンを🖱。

📖 おぼえておこう

縮尺の「分母」ボックスの数値は色反転しており、そのままキーボードの数字キーを押すことで入力した数値に変更できます。また、Jw_cadでは数値入力後にEnterキーは押しません。Enterキーを押すと「OK」ボタンを🖱したことになり、縮尺の変更が確定しダイアログが閉じます。

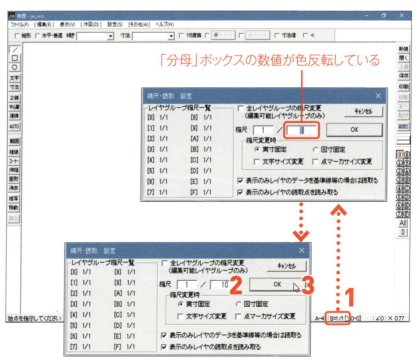

2章 決められた寸法の図をかこう

36　はじめて学ぶJw_cad 8

長さを指定して水平線をかこう

Jw_cadを起動すると「／」コマンドが選択されます。
長さ700mmの水平線をかきましょう。

おぼえておこう

作図する線の長さはコントロールバー「寸法」ボックスにmm単位で指定します。

1 » 「／」コマンドのコントロールバー「水平・垂直」にチェックを付ける。

2 » コントロールバー「寸法」ボックスを🖱し、キーボードから「700」を入力する。

3 » 始点として、下図の位置で🖱。

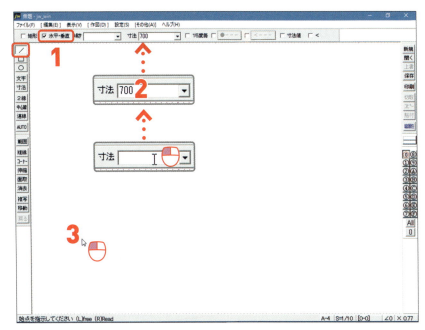

おぼえておこう

ステータスバーの操作メッセージの後には、現在の仮表示の線の角度と長さが表示されます。長さは「寸法」ボックスで指定した700mmです。この場合の終点指示は、線の作図方向の指示になります。

4 » マウスポインタを右に移動する。

5 » 長さ700mmの水平線を仮表示した状態で終点を🖱。

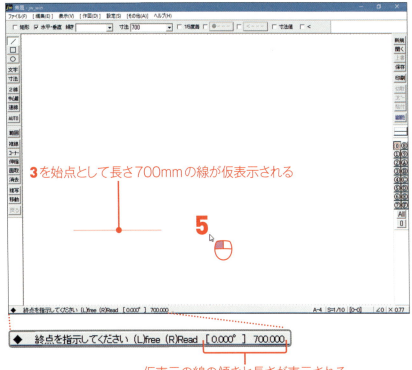

3を始点として長さ700mmの線が仮表示される

仮表示の線の傾きと長さが表示される

角度と長さを指定して線をかこう

作図した水平線の左端点から長さ700mm、角度70°の線をかきましょう。

📖 おぼえておこう

作図する線の角度はコントロールバー「傾き」ボックスに指定します。コントロールバー「水平・垂直」にチェックを付けて「傾き」を指定した場合、水平・垂直線および水平・垂直線から「傾き」ボックスに指定した角度の線を作図できます。

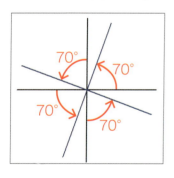

1 » コントロールバー「傾き」ボックスを🖱し、「70」を入力する。

2 » 始点として、水平線の左端点を🖱。

3 » マウスポインタを上に移動し、長さ700mmの垂直線が仮表示されることを確認する。

4 » マウスポインタを、始点の周りを回るように移動し、仮表示の線がどのような角度で表示されるかを確認する。

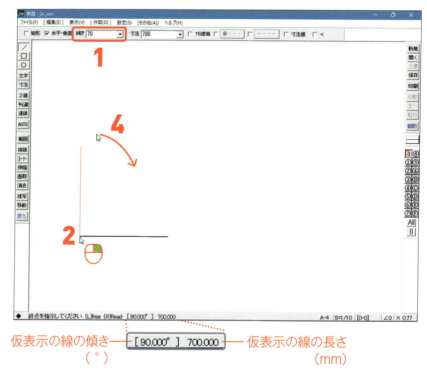

仮表示の線の傾き（°）　　　仮表示の線の長さ（mm）

5 » マウスポインタを右上に移動し、長さ700mmの線を角度70°で仮表示した状態で終点を🖱。

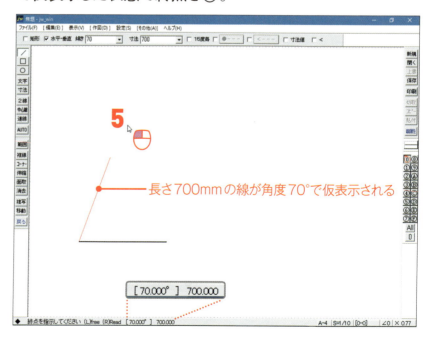

長さ700mmの線が角度70°で仮表示される

端点を結ぶ線をかこう

2辺の端点を結ぶ線をかいて三角形にしましょう。
コントロールバーの「水平・垂直」にチェックが付き、「傾き」「寸法」ボックスに数値が入力されたままでは角度と長さが固定された線しかかけません。はじめに角度と長さの指定を解除しましょう。

おぼえておこう

数値入力ボックスの▼を🖱で表示される履歴リストには、過去に入力した数値や、はじめから用意されている数値が表示されます。一番上の「(無指定)」を選択することで、数値入力ボックスに何も入力していない状態(空白)と同じ指定になります。

1 » コントロールバー「水平・垂直」のチェックを外す。

2 » 「傾き」ボックスの▼を🖱し、表示される履歴リストから「(無指定)」を🖱で選択する。

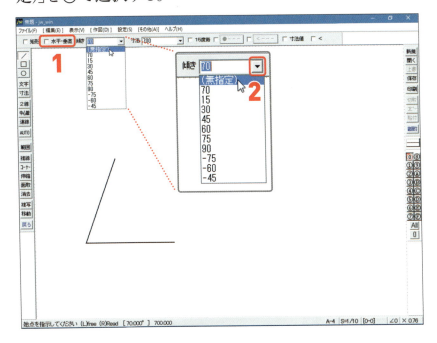

3 » コントロールバー「寸法」ボックスの▼を🖱し、履歴リストから「(無指定)」を🖱で選択する。

4 » 始点として、水平線の右端点を🖱。

5 » 終点として、斜線の上端点を🖱。

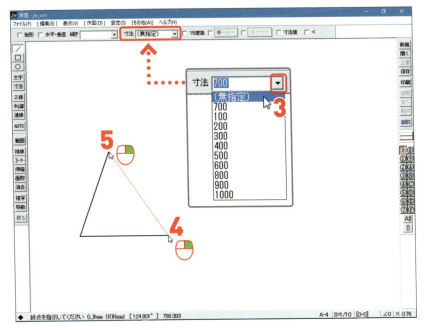

半径を指定して円をかこう

1 » 「○」コマンドを選択する。

2 » コントロールバー「半径」ボックスに「200」を入力する。

3 » 円の作図位置(円位置)として、三角形の左角を🖱。

三角形の左角に半径200mmの円をかきましょう。

おぼえておこう

「○」コマンドを選択すると、コントロールバー「半径」ボックスで入力ポインタが点滅します。入力ポインタが点滅しているときは数値入力ボックスを🖱せずに、そのままキーボードから数値を入力できます。

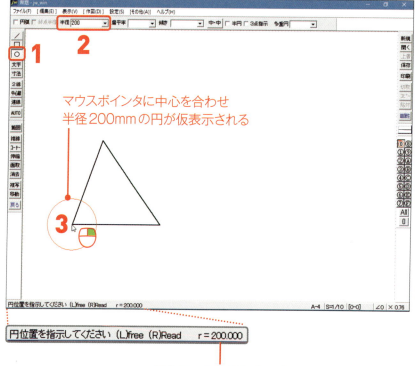

半径200mmの円の下を三角形の頂点に合わせてかきましょう。

4 » コントロールバー「中・中」(「基点」)ボタンを4回🖱し、「中・下」にする。

5 » 円の作図位置として、三角形の頂点を🖱。

おぼえておこう

仮表示の円に対するマウスポインタの位置を「基点」と呼びます。コントロールバーの「基点」ボタンを🖱することで、円の基点を左回りで以下の9カ所に変更できます。

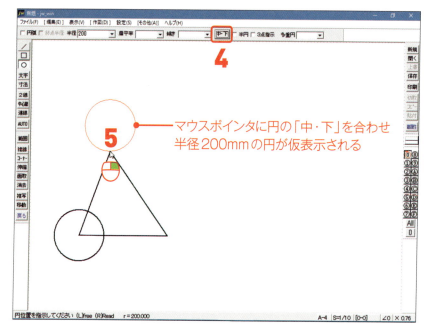

水平線・垂直線をかこう

三角形と底辺を揃えた図を右側に作図するため、三角形の右角から水平線をかきましょう。

1 » 「／」コマンドを選択し、コントロールバー「水平・垂直」にチェックを付ける。

2 » 始点として、三角形の右角を🖱。

3 » 終点として、下図の位置で🖱。

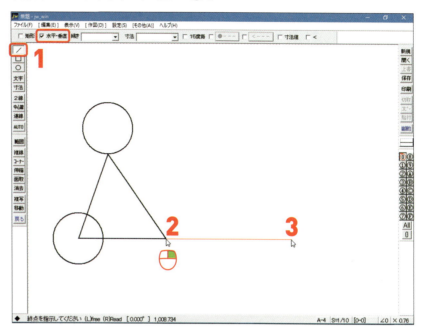

作図した水平線に交差する垂直線をかきましょう。

4 » 始点として、下図の位置で🖱。

5 » 終点として、下図の位置で🖱。

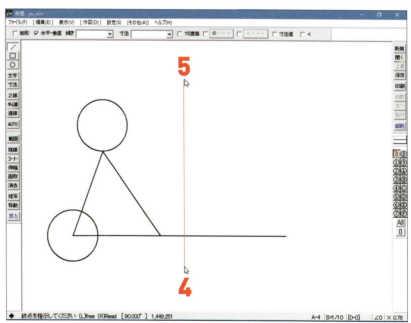

41

線の一部を消そう

水平線の交点から左の部分を消しましょう。

おぼえておこう

線の一部を消すには、「消去」コマンドで一部を消す線を🖱️で指定し、どこからどこまで消すかを指示します。

❓ 🖱️した線の色が変わらずに線の一部が消えた ➡ p.193 Q10

1 » 「消去」コマンドを選択する。

2 » 部分消しの対象線として、下図の水平線を🖱️。

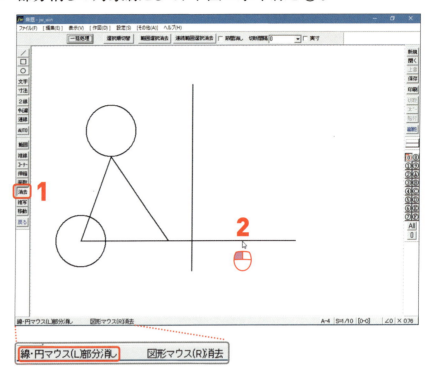

3 » 部分消しの始点として、水平線の左端点を🖱️。

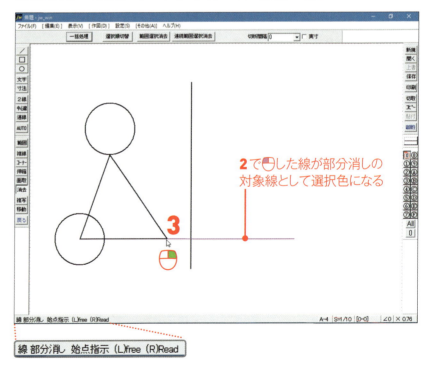

2で🖱️した線が部分消しの対象線として選択色になる

4 》 部分消しの終点として、垂直線との交点を🖱。

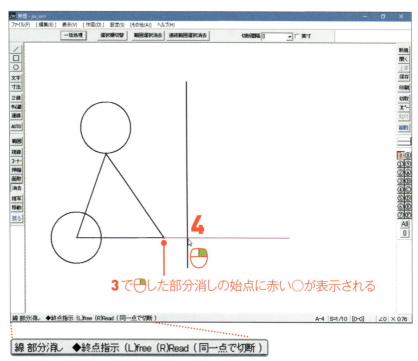

3で🖱した部分消しの始点に赤い○が表示される

線 部分消し ◆終点指示 (L)free (R)Read (同一点で切断)

続けて、垂直線の交点から下を消しましょう。

5 》 次の部分消しの対象線として、垂直線を🖱。

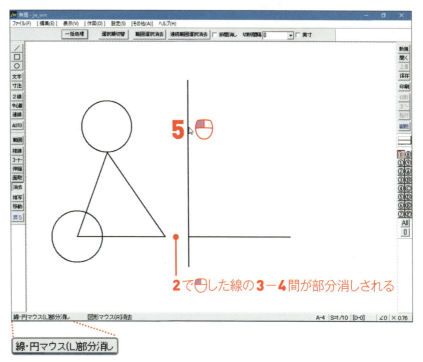

2で🖱した線の **3**-**4** 間が部分消しされる

線・円マウス(L)部分消し

6 » 部分消しの始点として、垂直線下端点を🖱。

7 » 部分消しの終点として、水平線との交点を🖱。

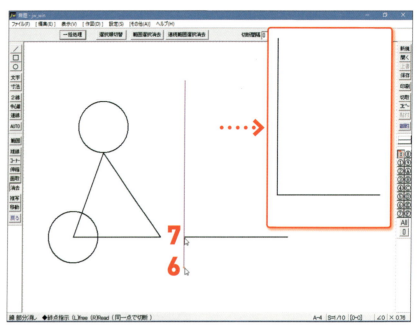

垂直線を平行複写しよう

1 » 「複線」コマンドを選択する。

2 » コントロールバー「複線間隔」ボックスに「250」を入力する。

垂直線を250mm右に平行複写しましょう。

おぼえておこう

「複線」コマンドを選択すると、コントロールバーの「複線間隔」ボックスの数値が色反転します。数値入力ボックスの数値が色反転しているときは、数値入力ボックスを🖱せずに、直接キーボードから数値を入力できます。

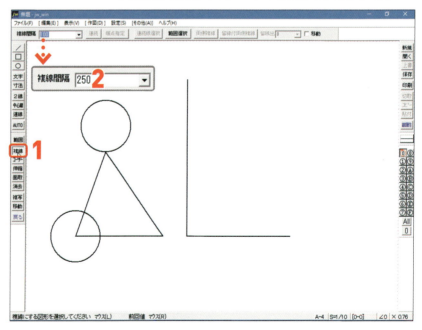

📖 **おぼえておこう**

ステータスバーの操作メッセージの「前回値　マウス(R)」の「前回値」は、コントロールバー「複線間隔」ボックスの数値を指します。「複線間隔」ボックスの間隔で平行複写するには、基準線を🖱します。

❓ 間違えて🖱した ⇨ p.195 Q12

❓ 平行線が仮表示されない ⇨ p.194 Q11

3 ≫ 平行複写の基準線として、垂直線を🖱。

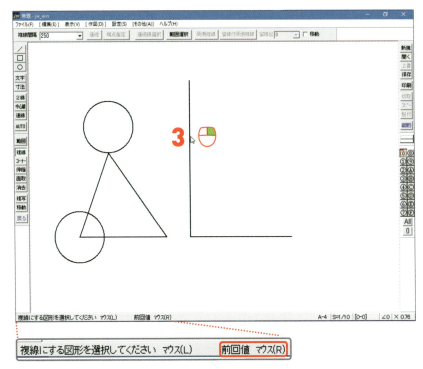

📖 **おぼえておこう**

4で、基準線とした垂直線の左右にマウスポインタを移動することで、平行線がマウスポインタ側に仮表示されます。**5**で基準線の左右どちら側に平行複写するかを指示します。

4 ≫ 基準線の右側にマウスポインタを移動する。

5 ≫ 基準線の右側に平行線が仮表示された状態で、作図方向を決める🖱。

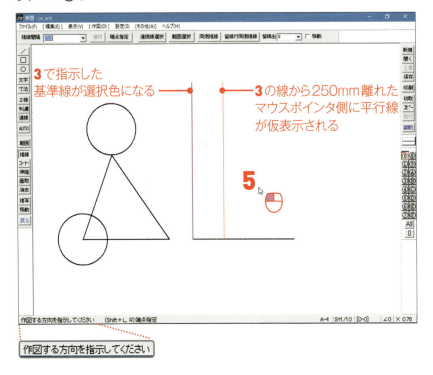

45

5で平行複写した線から250mm右に平行線を作図しましょう。

❓ 基準線を間違えて🖱したら
⇨ p.195 Q12

6 » コントロールバー「複線間隔」ボックスの数値が**2**で入力した「250」になっていることを確認し、基準線として、**5**で作図した垂直線を🖱。

7 » マウスポインタを基準線の右側に移動し、基準線の右側に平行線を仮表示した状態で、作図方向を決める🖱。

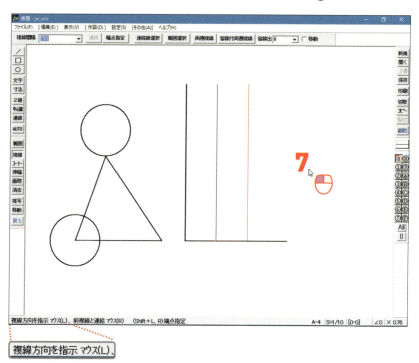

水平線を平行複写しよう

続けて、水平線を300mm上に平行複写しましょう。
これ以降、平行複写した線を「複線」と呼びます。

1 »» 「複線」コマンドのコントロールバー「複線間隔」ボックスに「300」を入力する。

2 »» 基準線として、水平線を🖱。

3 »» マウスポインタを水平線の上側に移動し、基準線の上側に複線を仮表示した状態で、作図方向を決める🖱。

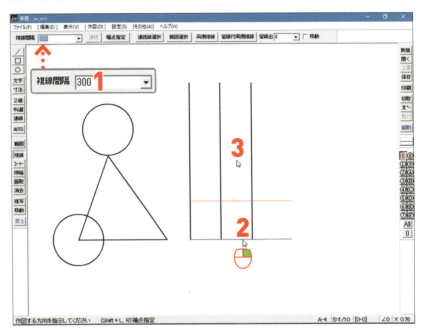

作図した線から250mm上に複線を作図しましょう。

おぼえておこう

数値入力ボックスの▼を🖱すると過去に入力した数値の履歴リストが表示され、リストの数値を🖱することで選択入力できます。

4 »» コントロールバー「複線間隔」ボックスの▼を🖱し、履歴リストの「250」を🖱で選択する。

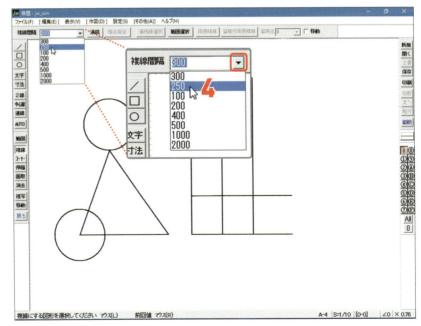

5 » 基準線として、3で作図した水平線を🖱。

6 » 基準線の上側に複線を仮表示した状態で、作図方向を決める🖱。

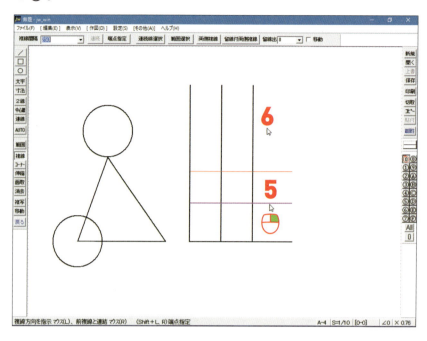

作図した線から300mm上に複線を作図しましょう。

7 » コントロールバー「複線間隔」ボックスの▼を🖱し、履歴リストの「300」を🖱で選択する。

8 » 基準線として、6で作図した水平線を🖱。

9 » 基準線の上側に複線を仮表示した状態で、作図方向を決める🖱。

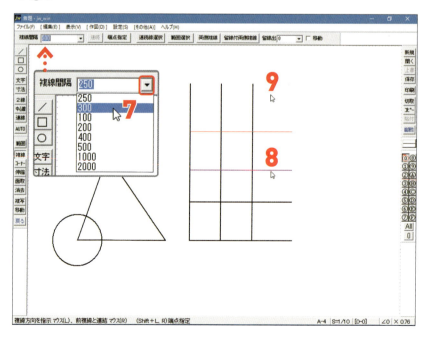

2章 決められた寸法の図をかこう

線を基準線まで縮めよう

水平線（4本）を右の垂直線まで縮めましょう。「伸縮」コマンドで伸縮の基準線として垂直線を指定し、続けて基準線まで縮める線を指示します。

おぼえておこう

操作メッセージの「基準線指定（RR）」の（RR）は🖱🖱を示します。

❓ **2**の線の表示色が変わらず、線上に赤い○が表示される ⇨ p.195 Q13

1 ≫ 「伸縮」コマンドを選択する。

2 ≫ 伸縮の基準線として、一番右の垂直線を🖱🖱。

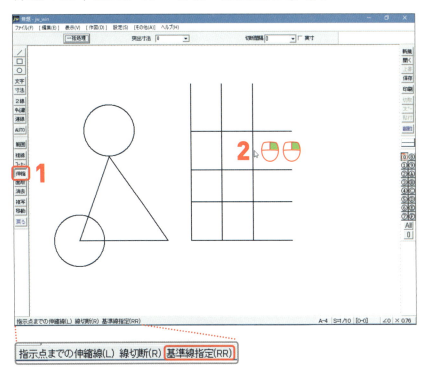

3 ≫ 基準線まで伸縮する線として、一番上の水平線を下図の位置で🖱。

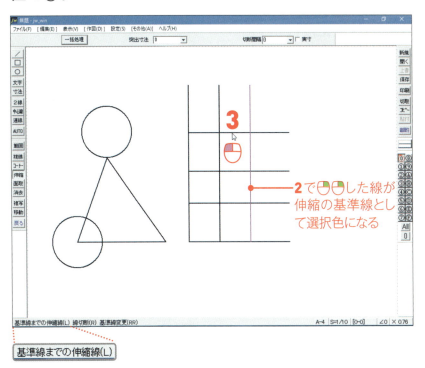

おぼえておこう

基準線を変更するか、他のコマンドを選択するまでは、現在の基準線までの伸縮操作を連続して行えます。

4 » 続けて、基準線まで伸縮する線として、次の水平線を基準線の右側で🖱。

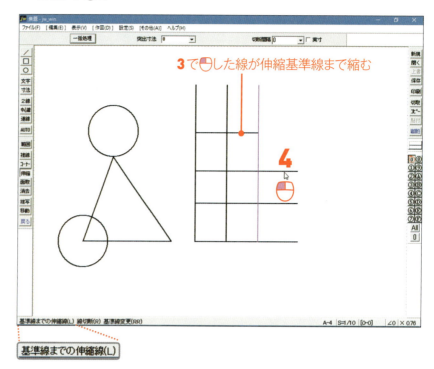

3で🖱した線が伸縮基準線まで縮む

右図のように、水平線が縮んだため、伸縮操作を取り消し、**4**の操作前の状態に戻しましょう。

おぼえておこう

選択色の基準線に対して、伸縮対象線として🖱した側が残るよう縮みます。伸縮対象線を指示するときは、必ず基準線に対して残す側を🖱してください。

5 » 「戻る」コマンドを🖱。

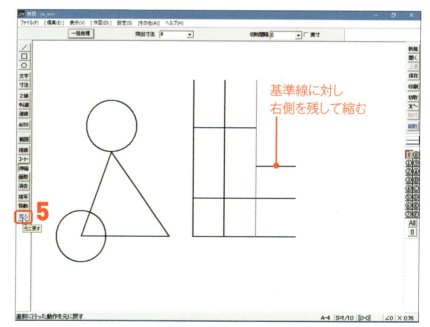

基準線に対し右側を残して縮む

基準線に対して左側を残して縮むよう、クリック位置に注意して伸縮対象線を指示しましょう。

6 » 基準線まで伸縮する線として水平線を、基準線の左側で🖱。

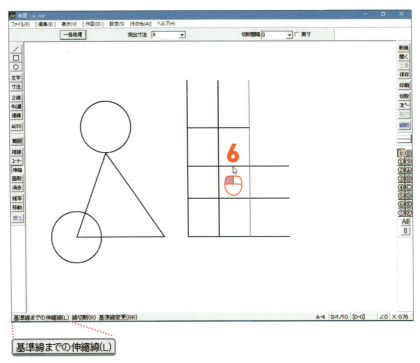

7 » 続けて、基準線まで伸縮する線として次の水平線を、基準線の左側で🖱。

8 » 同様に、一番下の水平線を🖱。

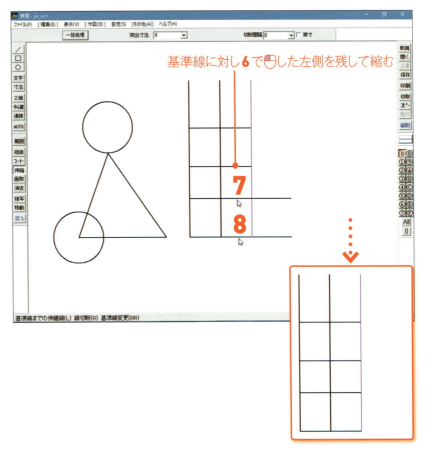

基準線を変更して他の線を縮めよう

一番上の水平線を基準線にし、垂直線を縮めましょう。

📖 **おぼえておこう**

伸縮の基準線を変更するには、新しく基準線にする線を🖱🖱で指示します。

1 » 次の基準線として、一番上の水平線を🖱🖱。

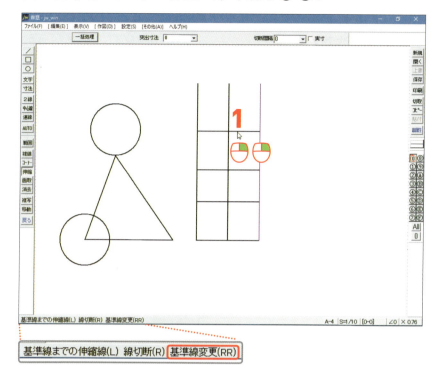

2 » 基準線まで伸縮する線として一番左の垂直線を、基準線の下側で🖱。

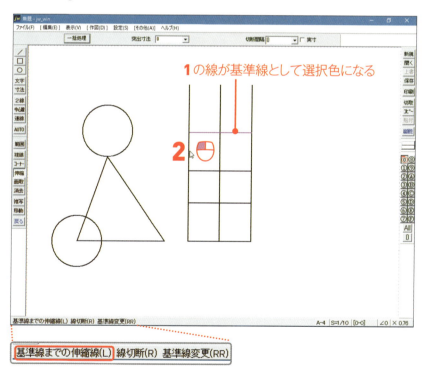

3 » 基準線まで伸縮する線として、次の垂直線を🖱。

4 » 基準線まで伸縮する線として、一番右の垂直線を🖱。

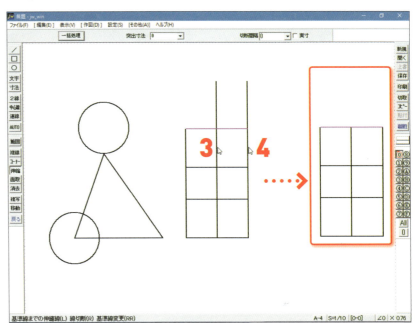

📖 **おぼえておこう**

伸縮の基準線の表示色は、他のコマンドを選択すると元の色に戻ります。

図面ファイルとして保存しよう

ここまで作図した図面を、Cドライブの「jww8F」フォルダーに、名前「001」として保存しましょう。

1 » メニューバー[ファイル]を🖱し、プルダウンメニューの「名前を付けて保存」を🖱。

図面を保存していない状態ではタイトルバーに「無題 - jw_win」と表示される

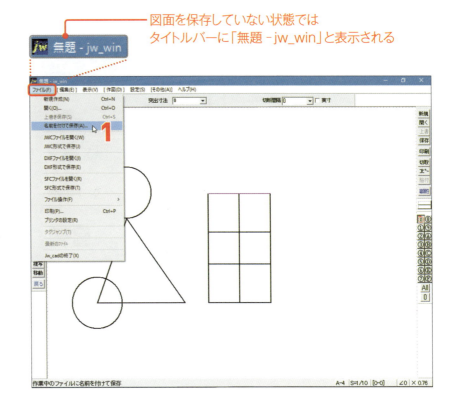

おぼえておこう

Jw_cadでの図面ファイルの保存や図面ファイルを開く操作は、右図のJw_cad独自の「ファイル選択」ダイアログで行います。左側のフォルダーツリーでは、ファイルの保存場所を指定します。

❓ 「jww8F」フォルダーがない ⇨ p.195 Q14

2 » 「ファイル選択」ダイアログの左側のフォルダーツリーで、図面の保存場所として「jww8F」フォルダーを🖱。

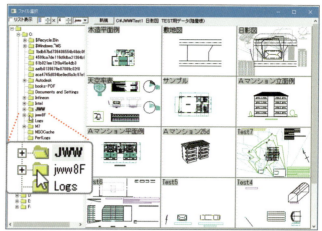

おぼえておこう

「ファイル選択」ダイアログ

Jw_cad独自の「ファイル選択」ダイアログの各部名称と、その働きをおぼえておきましょう。

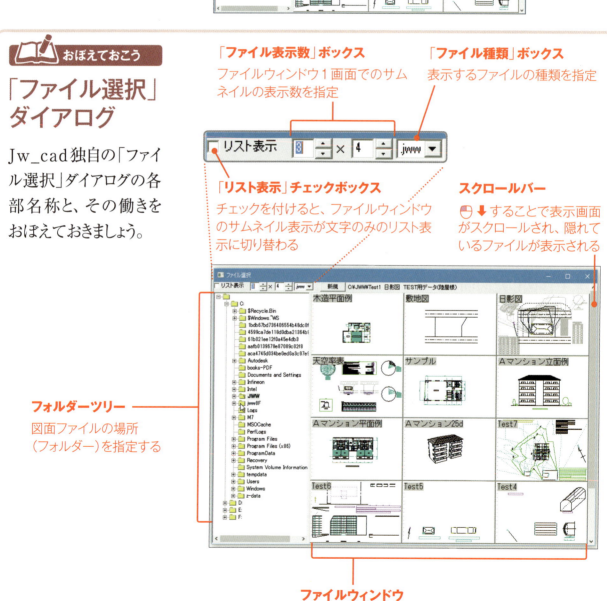

「ファイル表示数」ボックス
ファイルウィンドウ1画面でのサムネイルの表示数を指定

「ファイル種類」ボックス
表示するファイルの種類を指定

「リスト表示」チェックボックス
チェックを付けると、ファイルウィンドウのサムネイル表示が文字のみのリスト表示に切り替わる

スクロールバー
🖱⬇することで表示画面がスクロールされ、隠れているファイルが表示される

フォルダーツリー
図面ファイルの場所（フォルダー）を指定する

ファイルウィンドウ
フォルダーツリーで現在開いているフォルダー内に収録されているJw_cad図面ファイルをサムネイル表示

おぼえておこう

「新規作成」ダイアログの「名前」ボックスで入力ポインタが点滅しているため、「名前」ボックスを🖱️せずに、直接キーボードから入力できます。名前を入力後にEnterキーは押しません。Enterキーを押すと「OK」ボタンを🖱️したことになり、図面が保存されてダイアログが閉じます。

おぼえておこう

名前「001」として保存した図面ファイルは、正式には「001.jww」というファイル名になります。「．」の後ろの文字を「拡張子」と呼び、拡張子「jww」はJw_cadの図面ファイルであることを示します。

3 » 「新規」ボタンを🖱️。

4 » 「新規作成」ダイアログの「名前」ボックスに図面ファイル名として「001」を入力する。

5 » 「OK」ボタンを🖱️。

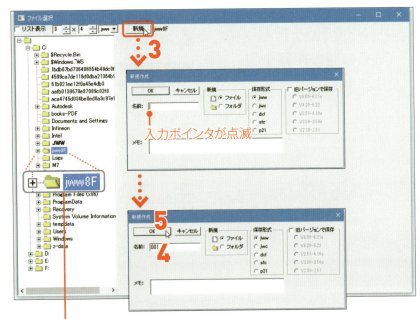

2で選択した「jww8F」フォルダーが開く

Jw_cadを終了しよう

次ページ「ヒント〈測定〉」を行い、作図した図の寸法を確認したらJw_cadを終了しましょう。

おぼえておこう

メニューバー[ファイル]－「Jw_cadの終了」を選択する代わりに1の操作でもJw_cadを終了できます。

1 » タイトルバー右の ✕ (閉じる)を🖱️。

タイトルバーの表示はファイル名「001 - jw_win」に変わる

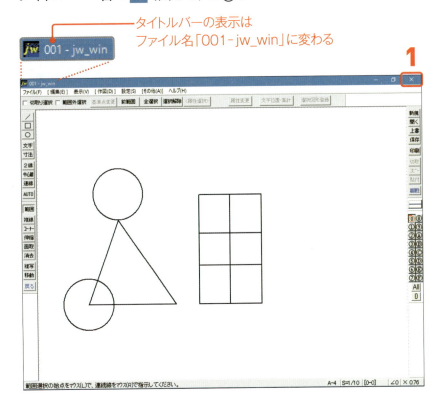

💡 ヒント

測定

図面の各部分の寸法を調べるには、「測定」コマンドで2点を指示して、その間の距離を測定します。

1 » メニューバー［その他］－「測定」を選択する。

2 » コントロールバーの「mm/【m】」ボタンを🖱し、「【mm】/m」（測定単位mm）にする。

3 » 測り始めの点として、左下角を🖱。

4 » 次の点として、右下角を🖱。

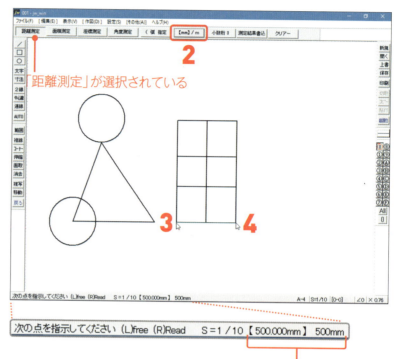

「距離測定」が選択されている

次の点を指示してください (L)free (R)Read　S＝1/10 【500.000mm】 500mm

3－4の距離がmm単位で表示される

📖 おぼえておこう

別の場所を測定するには、コントロールバー「クリアー」ボタンを🖱し、現在の測定結果を消したうえで、あらためて2点の指示（**3**～の操作）をします。

5 » 次の点として、右上角を🖱。

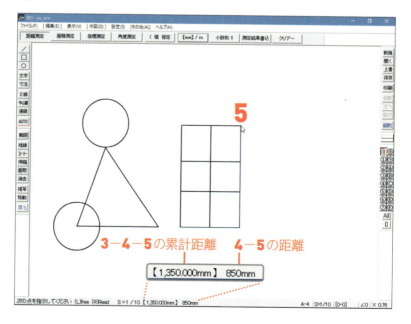

3－4－5の累計距離　　4－5の距離

【1,350.000mm】 850mm

3章 保存した図面を開き、続きを作図して印刷しよう

2章で保存した図面「001」を開きましょう。
開いた図面に下図のように加筆し、印刷しましょう。

▼ 完成図

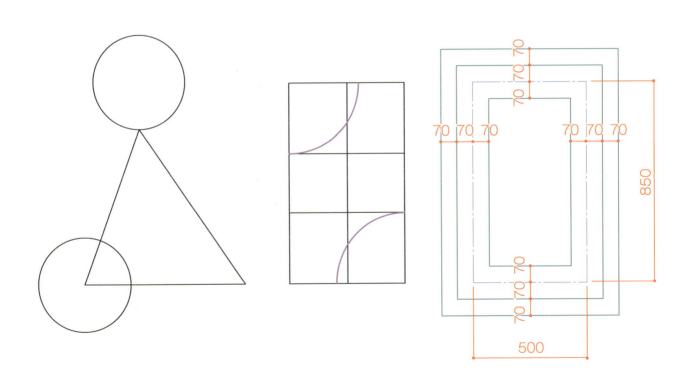

図面ファイルを開こう

Jw_cadを起動し、前の単元で保存した図面「001」を開きましょう。

1 » Jw_cadを起動する。

2 » メニューバー[ファイル]−「開く」を選択する。

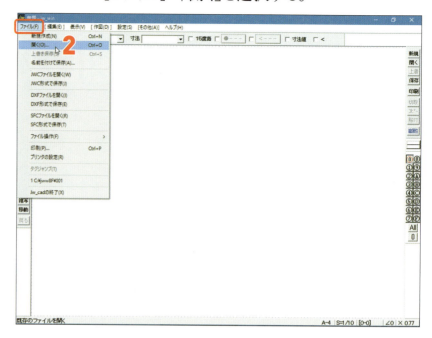

3 » 「ファイル選択」ダイアログで、「jww8F」フォルダー内の図面「001」の枠内にマウスポインタをおき🖱🖱。

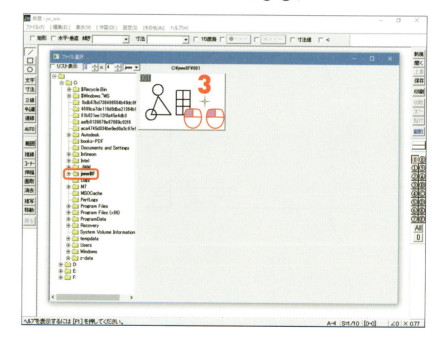

❓ 保存したはずの図面「001」が見つからない
⇨ p.196 Q15

3章 保存した図面を開き、続きを作図して印刷しよう

58　はじめて学ぶJw_cad 8

これからかく線の線色・線種を変更しよう

これまで作図した線はすべて黒の実線です。これは、作図時の書込線が「線色2（黒）・実線」になっていたためです。
これから線色6（青）の一点鎖線をかくため、書込線の線色を「線色6」、線種を「一点鎖2」に変更しましょう。

おぼえておこう

Jw_cadにおける線色の違いは、印刷時の線の太さ（線幅）の区別です。
「線色1」～「線色8」（補助線色は印刷されない）の線色を使い分けて作図することで、8種類の線の太さの違いを表現できます（印刷時の線の太さの指定 ⇨ p.76）。

1 » 右のツールバーの「線属性」コマンドを🖱で選択する。

2 » 「線属性」ダイアログの「線色6」ボタンを🖱。

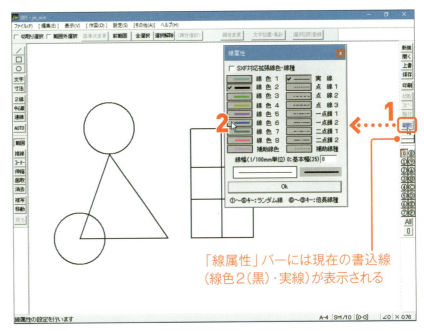

「線属性」バーには現在の書込線（線色2（黒）・実線）が表示される

3 » 「一点鎖2」ボタンを🖱。

4 » 「線色6」と「一点鎖2」が選択（凹表示）されていることを確認し、「OK」ボタンを🖱。

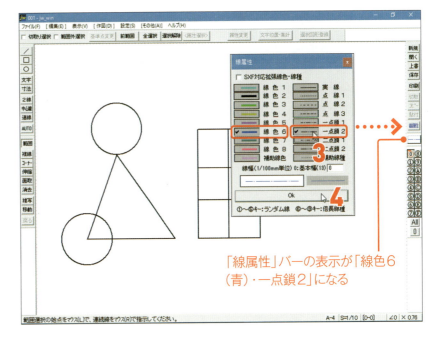

「線属性」バーの表示が「線色6（青）・一点鎖2」になる

水平線・垂直線をかこう

右の余白に作図する矩形の底辺、左辺となる線を作図します。底辺を揃えるため、既存の矩形の右下角から水平線をかきましょう。

1 » 「／」コマンドを選択し、コントロールバー「水平・垂直」にチェックを付ける。

2 » 始点として、矩形の右下角を🖱。

3 » 下図の位置で終点を🖱し、水平線を作図する。

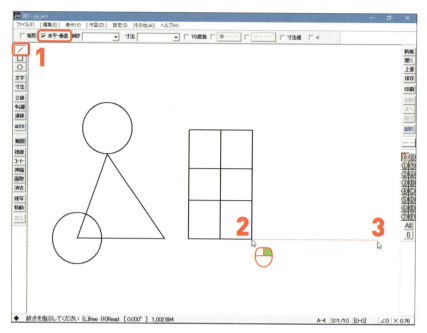

作図した水平線に交差する垂直線をかきましょう。

4 » 下図の位置で始点を🖱。

5 » 下図の位置で終点を🖱し、垂直線を作図する。

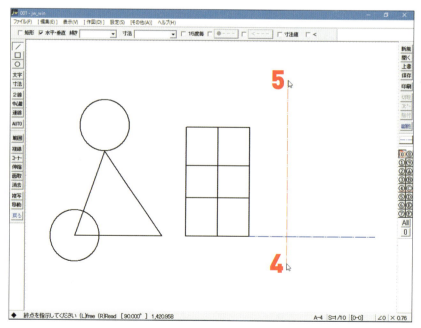

3章 保存した図面を開き、続きを作図して印刷しよう

線の部分消しで角を作ろう

水平線と垂直線の交点から左側と下側の線を消すことで、矩形の左下の角を作りましょう。

1 » 「消去」コマンドを選択する。

2 » 部分消しの対象線として、水平線を🖱。

3 » 部分消しの始点として、水平線の左端点を🖱。

4 » 部分消しの終点として、垂直線との交点を🖱。

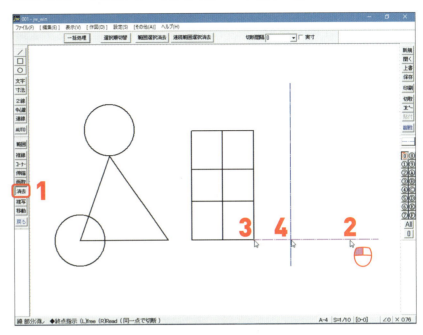

5 » 部分消しの対象線として、垂直線を🖱。

6 » 部分消しの始点として、垂直線の下端点を🖱。

7 » 部分消しの終点として、水平線との交点を🖱。

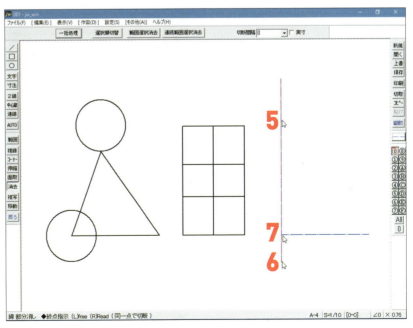

「複線」コマンドで右辺と上辺をかこう

垂直線から500mm右に複線を作図しましょう。

1 » 「複線」コマンドを選択する。
2 » コントロールバー「複線間隔」ボックスに「500」を入力する。
3 » 基準線として、垂直線を🖱。
4 » 垂直線の右側に複線を仮表示し、作図方向を決める🖱。

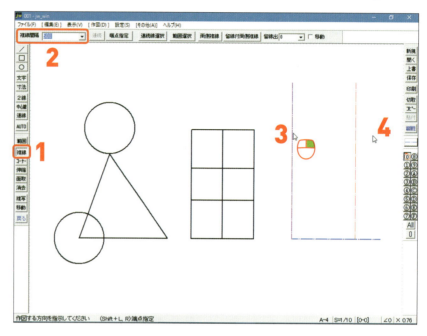

水平線から850mm上に複線を作図しましょう。

5 » コントロールバー「複線間隔」ボックスに「850」を入力する。
6 » 基準線として、水平線を🖱。
7 » 基準線の上側に複線を仮表示し、作図方向を決める🖱。

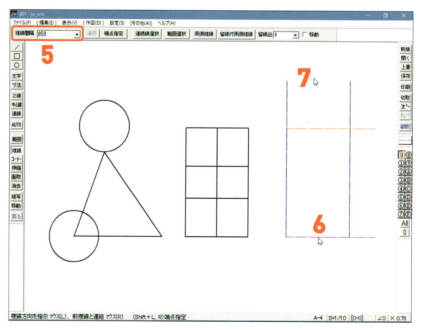

3章 保存した図面を開き、続きを作図して印刷しよう

「コーナー」コマンドで角を作ろう

「コーナー」コマンドでは、指示した2本の線の交点に角を作ります。「コーナー」コマンドで矩形の左上の角を作りましょう。

1 » 「コーナー」コマンドを選択する。

2 » 線（A）として、下図の位置で垂直線を🖱。

3 » 線【B】として、下図の位置で水平線を🖱。

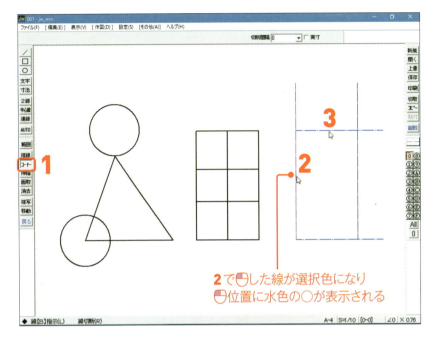

2で🖱した線が選択色になり
🖱位置に水色の○が表示される

矩形の右上の角を作りましょう。

4 » 線（A）として、下図の位置で水平線を🖱。

5 » 線【B】として、下図の位置で垂直線を🖱。

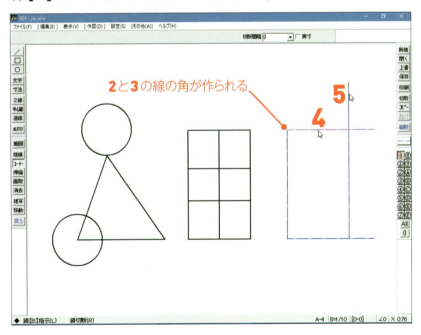

2と3の線の角が作られる

右図のように角が作られます。コーナー操作前の状態に戻して、コーナー指示をやり直しましょう。

6 » 「戻る」コマンドを🖱。

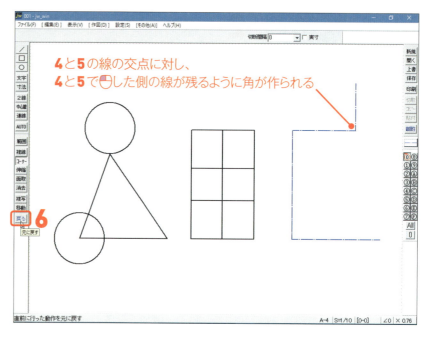

おぼえておこう

「コーナー」コマンドで、交差する2本の線の角を作る場合、その交点に対して線を残す側で🖱してください。

7 » 線（A）として、交点より左側で水平線を🖱。

8 » 線【B】として、交点より下側で垂直線を🖱。

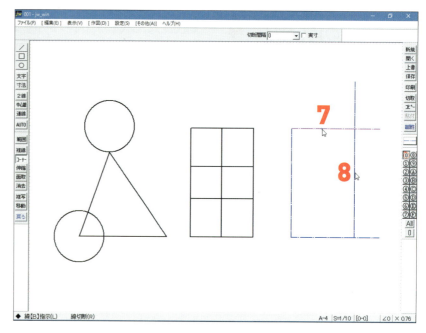

矩形の右下の角を作りましょう。

9 ») 線(A)として、垂直線を🖱。

10 ») 線【B】として、交点より左側で水平線を🖱。

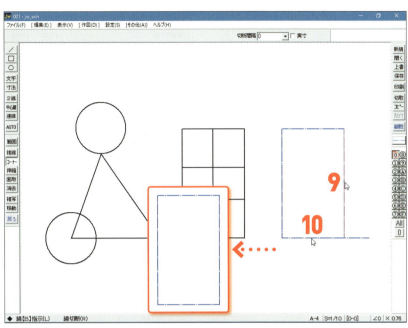

書込線を変更しよう

これから作図する線の線色を線色7(深緑)に、線種を実線に変更しましょう。

1 ») 「線属性」コマンドを選択する。

2 ») 「線属性」ダイアログの「線色7」ボタンを🖱。

3 ») 「実線」ボタンを🖱。

4 ») 「線色7」と「実線」が選択されていることを確認し、「OK」ボタンを🖱。

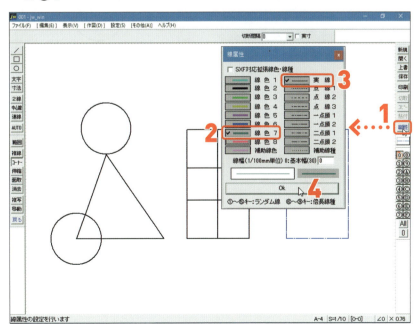

矩形の各辺から外側に複線を作図しよう

一点鎖線の矩形の四辺から70mm外側に複線を作図しましょう。

1 » 「複線」コマンドを選択する。

2 » 基準線として、左辺を🖱。

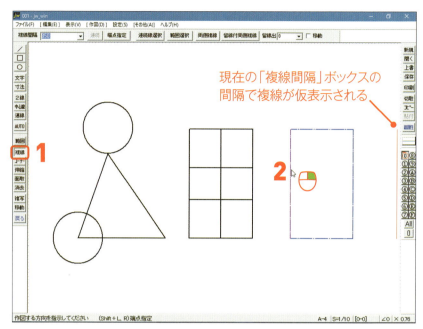

現在の「複線間隔」ボックスの間隔で複線が仮表示される

おぼえておこう

複線の基準線を🖱した後、コントロールバー「複線間隔」ボックスに数値を入力することもできます。**2**の操作後、コントロールバー「複線間隔」ボックスの数値は色反転しているため、「複線間隔」ボックスを🖱せずに直接キーボードから数値を入力できます。

3 » コントロールバー「複線間隔」ボックスに「70」を入力する。

4 » 左辺の外側に複線を仮表示し、作図方向を決める🖱。

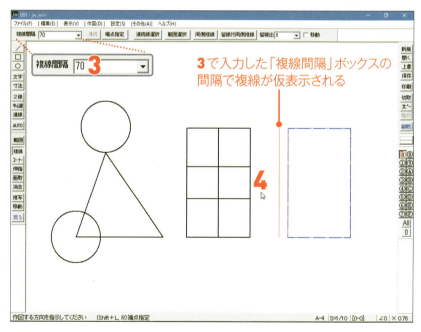

3で入力した「複線間隔」ボックスの間隔で複線が仮表示される

66　はじめて学ぶJw_cad 8

5 » コントロールバー「複線間隔」ボックスの数値「70」を確認し、基準線として、右辺を🖱。

6 » 右辺の外側に複線を仮表示し、作図方向を決める🖱。

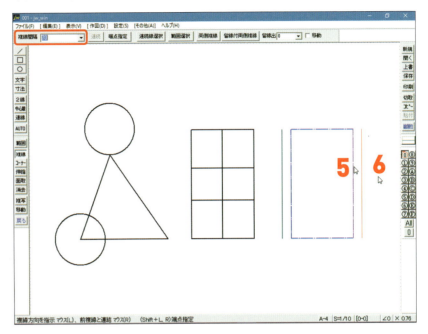

7 » 基準線として上辺を🖱し、外側で作図方向を決める🖱。

8 » 基準線として下辺を🖱し、外側で作図方向を決める🖱。

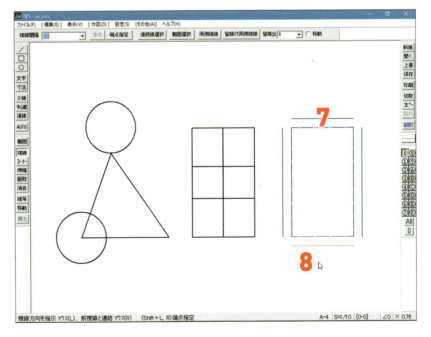

「コーナー」コマンドで矩形に整えよう

作図した複線どうしで角を作り、矩形に整えましょう。

1 » 「コーナー」コマンドを選択する。
2 » 線(A)として、上辺の複線を🖱。
3 » 線【B】として、左辺の複線を🖱。

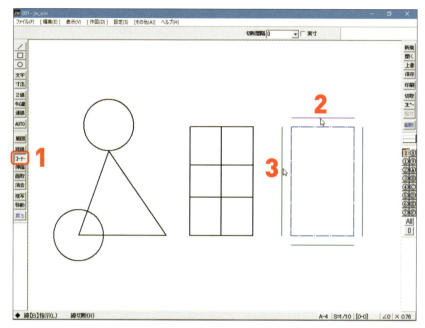

おぼえておこう

「コーナー」コマンドでは、指示した2本の線が離れている場合、それらの交点まで線を延長し、角を作ります。

4 » 線(A)として、左辺の複線を🖱。
5 » 線【B】として、下辺の複線を🖱。

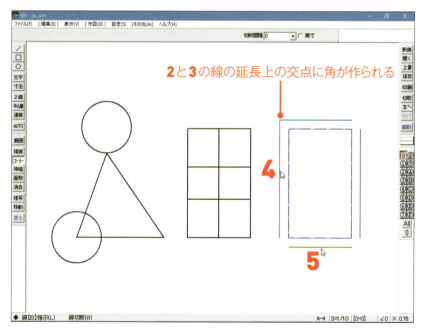

2と3の線の延長上の交点に角が作られる

6 » 下辺の複線を🖱。

7 » 右辺の複線を🖱。

8 » 同様に、右上の角を作る。

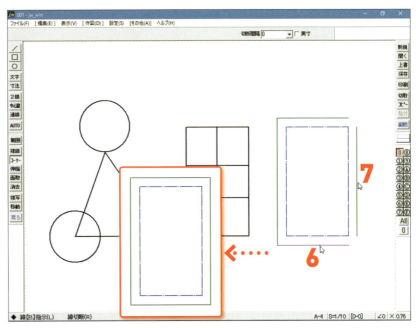

角を作りながら複線を作図しよう

前項で作図した矩形の四辺から70mm外側に、角を作りながら複線を作図しましょう。

1 » 「複線」コマンドを選択し、コントロールバー「複線間隔」ボックスの数値が「70」であることを確認する。

2 » 基準線として、左辺を🖱。

3 » 左辺の外側で作図方向を決める🖱。

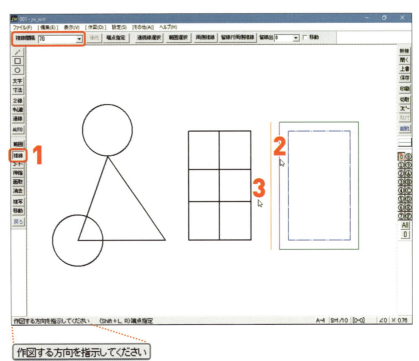

おぼえておこう

連続して複線を作図する場合、2本目以降の複線の作図方向を決める時点で、ステータスバーの操作メッセージには「前複線と連結　マウス(R)」が表示されます。作図方向を🖱することで、1つ前に作図した複線と今回の複線で角を作ります。

4 » 次の基準線として、下辺を🖱。

5 » 下辺の外側で作図方向を決める🖱（前複線と連結）。

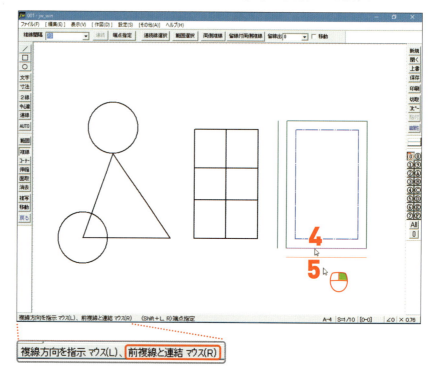

6 » 次の基準線として、右辺を🖱。

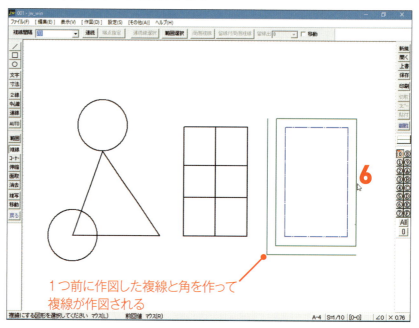

1つ前に作図した複線と角を作って複線が作図される

7 » 右辺の外側で作図方向を決める🖱（前複線と連結）。

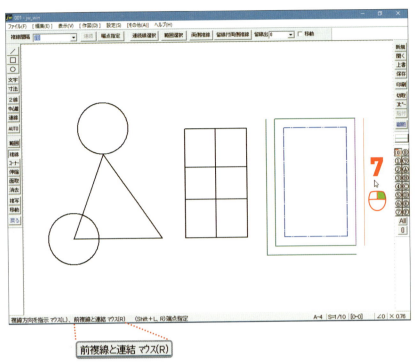

8 » 次の基準線として、上辺を🖱。

9 » 上辺の外側で作図方向を決める🖱（前複線と連結）。

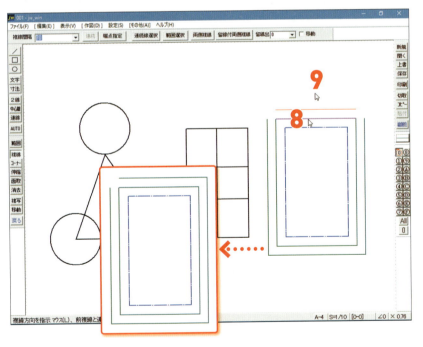

角を作って矩形に整えよう

最初に作図した複線と最後に作図した複線は自動的には連結されないため、「コーナー」コマンドで角を作りましょう。

1 »» 「コーナー」コマンドを選択する。

2 »» 最後に作図した複線を🖱。

3 »» 最初に作図した複線を🖱。

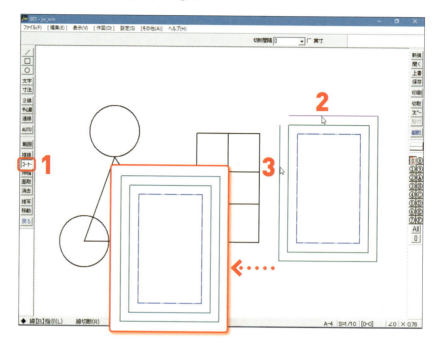

やってみよう

一点鎖線の矩形の70mm内側に矩形を作図しましょう。

ヒント
「複線」コマンドの前複線と連結機能（⇨ p.70）を使うと、**2**の操作が1回で済みます。

? 「複線」コマンドの作図方向指示時に🖱しても、1つ前に作図した複線との角が作られない ⇨ p.196 Q16

1 »» 「複線」コマンドを選択し、矩形の各辺から70mm内側に複線を作図する。

2 »» 「コーナー」コマンドを選択し、角を作って矩形に整える。

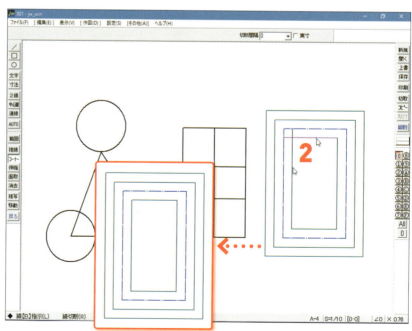

72　はじめて学ぶJw_cad 8

指定範囲を拡大表示しよう

中央の図形の左上部を拡大表示しましょう。

おぼえておこう

画面の拡大表示操作は 🖱↘ （右下方向へ両ドラッグ）で行います。拡大操作は作図操作中いつでも行えます。

❓ 拡大操作をしたら画面から図が消えた、または図が移動した ⇨ p.196 Q17

1 » 拡大する範囲の左上にマウスポインタをおき🖱↘（マウスの両ボタンを押したまま右下方向へマウスポインタを動かす）。

2 » 表示される拡大範囲枠で拡大する範囲を囲み、マウスボタンをはなす。

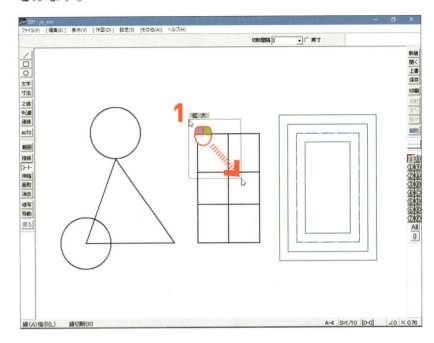

円弧をかこう

拡大表示した枠内に線色5の円弧をかきましょう。

おぼえておこう

円弧は、「○」コマンドのコントロールバー「円弧」にチェックを付け、中心点⇒始点⇒終点の順に指示して作図します。

1 » 「線属性」コマンドを選択し、「線属性」ダイアログで「線色5」を🖱して「OK」ボタンを🖱。

2 » 「○」コマンドを選択し、コントロールバー「円弧」にチェックを付ける。

3 » 円弧の中心点として、左上角を🖱。

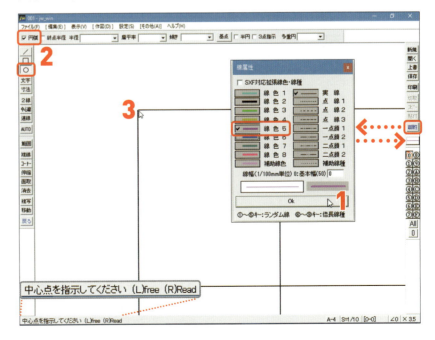

4 »» 円弧の始点として、下図の交点を🖱️。

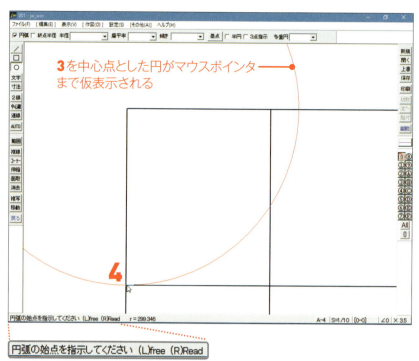

おぼえておこう

円弧の始点指示は円弧の始点を決めるとともに円弧の半径を確定します。終点指示は、円中心から見た円弧の作図角度を決めます。Jw_cadの円弧作図では、右回り、左回りのどちらでも作図できますが、一般的には円弧上の2点は左回りで指示します。

5 »» マウスポインタを移動し、**4**を始点とした円弧がマウスポインタまで仮表示されることを確認する。

6 »» 円弧の終点として、下図の交点を🖱️。

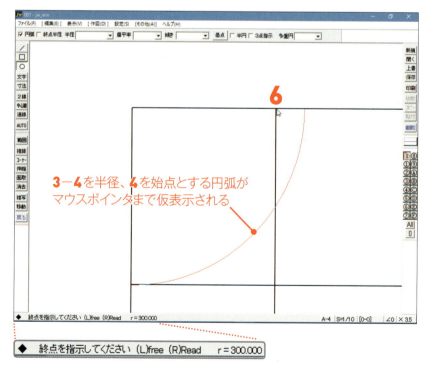

さらに拡大表示しよう

作図した円弧の終点付近を拡大表示し、終点が水平線上でとまっていることを確認しましょう。

おぼえておこう

画面表示倍率などによっては、円弧の端点が正確に表示されない場合があります。端点付近をさらに拡大表示することで、正しい状態を確認できます。

❓ 拡大しても円弧が飛び出している ⇨ p.197 Q18

1 » 拡大する部分の左上から🖱↘し、表示される拡大範囲枠で拡大する部分を囲み、マウスボタンをはなす。

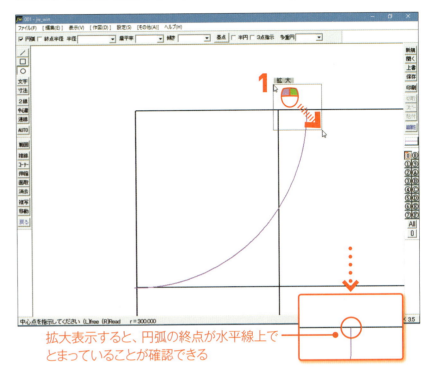

拡大表示すると、円弧の終点が水平線上でとまっていることが確認できる

用紙全体を表示しよう

用紙全体を表示しましょう。

おぼえておこう

用紙全体表示は、🖱↗（右上方向に両ドラッグ）することで行います。用紙全体表示は、作図操作中いつでも行えます。

1 » 作図ウィンドウにマウスポインタをおき、🖱↗（マウスの両ボタンを押したまま右上方向へ動かす）し、全体 と表示されたらマウスボタンをはなす。

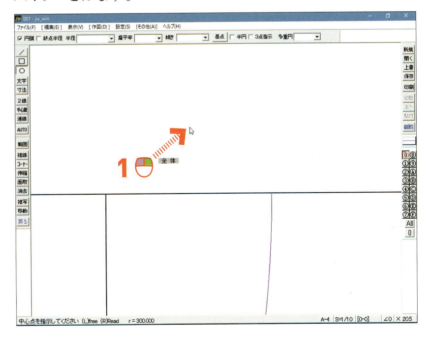

やってみよう

矩形の右下部を拡大表示し、右の結果の図のように円弧を作図しましょう。

おぼえておこう

選択コマンドは、拡大表示、用紙全体表示を行う前に選択していた「○」コマンドです。拡大表示、用紙全体表示は、選択コマンドを変えることなく、その操作途中いつでも行えます。

📘 拡大表示／円弧の作図
⇨ p.73

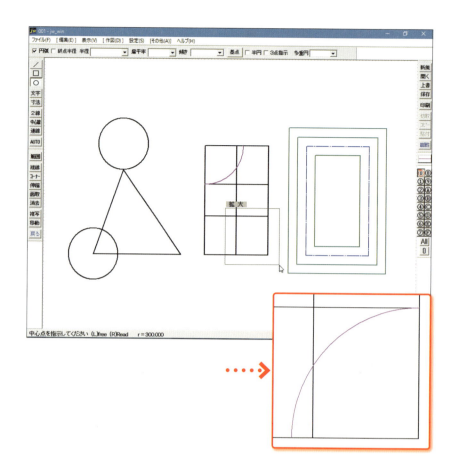

印刷時の線の太さを設定しよう

図面を印刷する前に、この図面で使った線色2・5・6・7の線色ごとに線幅（印刷される線の太さ）を設定しましょう。

1 » メニューバー［設定］-「基本設定」を選択する。

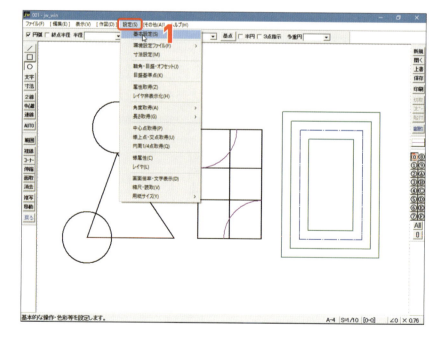

3章 保存した図面を開き、続きを作図して印刷しよう

おぼえておこう

「色・画面」タブ右の「プリンタ出力要素」欄で線色ごとの線幅（印刷される線の太さ）やカラー印刷時の印刷色を指定します。ここでは、線の太さをmm単位で指定するため、「線幅を1/100mm単位とする」にチェックを付けます。

2 » 「jw_win」ダイアログの「色・画面」タブを🖱。

3 » 「線幅を1/100mm単位とする」を🖱し、チェックを付ける。

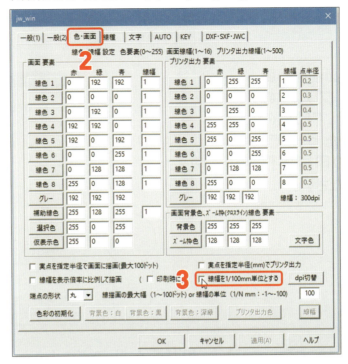

線色2（黒）を0.25mm、線色5（紫）を0.5mm、線色6（青）を0.13mm、線色7（深緑）を0.3mmに指定しましょう。

おぼえておこう

「線幅」ボックスには、「印刷される線幅×100」を入力します（0.1mmで印刷するには、「10」を入力）。

4 » 「線色2」の「線幅」ボックスを🖱し、既存の数値を Delete キー（または Backspace キー）を押して消し、「25」を入力する。

5 » 同様に、「線色5」の「線幅」を「50」、「線色6」の「線幅」を「13」、「線色7」の「線幅」を「30」にする。

6 » 「OK」ボタンを🖱。

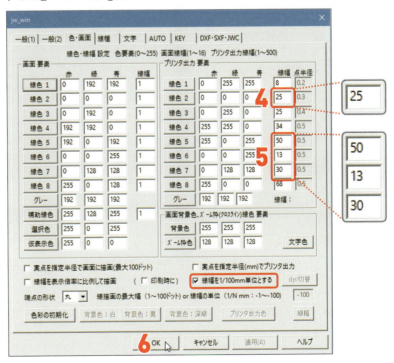

印刷しよう

A4用紙に図面を印刷しましょう。プリンタの電源を入れて印刷の準備をしたうえで、Jw_cadの印刷操作を行ってください。

1 » ツールバーの「印刷」コマンドを選択する。

2 » 「印刷」ダイアログのプリンタ名を確認し、「OK」ボタンを🖱。

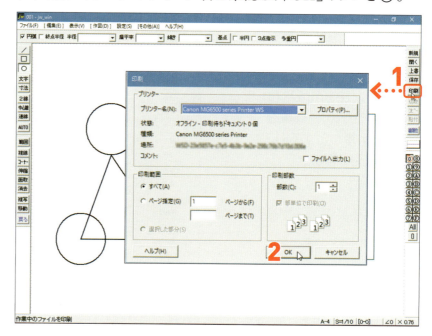

おぼえておこう

「印刷」コマンドでは、印刷色と印刷線幅を反映して図面が表示されます。コントロールバー「カラー印刷」にチェックがない状態では、すべての要素（ここでは線と円・弧）が黒で表示されます。

3 » 用紙サイズと印刷の向きを確認、変更するため、コントロールバー「プリンタの設定」ボタンを🖱。

4 » 「プリンターの設定」ダイアログで、用紙サイズを「A4」、印刷の向きを「横」に設定し、「OK」ボタンを🖱。

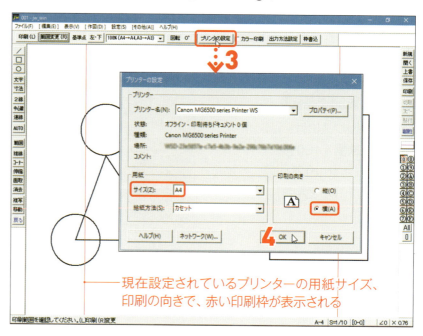

現在設定されているプリンターの用紙サイズ、印刷の向きで、赤い印刷枠が表示される

📖 **おぼえておこう**

赤い印刷枠は、指定プリンタの印刷可能な範囲を示します。この枠は、指定用紙サイズより小さく、プリンタ機種により大きさが異なります。

5 » A4・横の印刷枠に図面全体が入ることを確認し、コントロールバーの「印刷」ボタンを🖱。

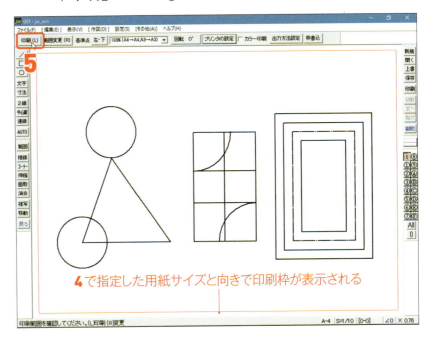

4で指定した用紙サイズと向きで印刷枠が表示される

カラー印刷しよう

印刷完了後も「印刷」コマンドのままです。続けて、図面をカラーで印刷しましょう。

📖 **おぼえておこう**

「印刷」コマンドのコントロールバー「カラー印刷」にチェックを付けると、カラー印刷になります。カラー印刷色は、線色ごとに指定できます。

❓ 1のチェックを付けても色が変わらない。または、色が右図とは異なる ⇨ p.197 Q19

1 » 「印刷」コマンドのコントロールバー「カラー印刷」を🖱し、チェックを付ける。

2 » 画面上の線の色がカラーになったことを確認し、コントロールバーの「印刷」ボタンを🖱。

3 » 「／」コマンドを選択し、「印刷」コマンドを終了する。

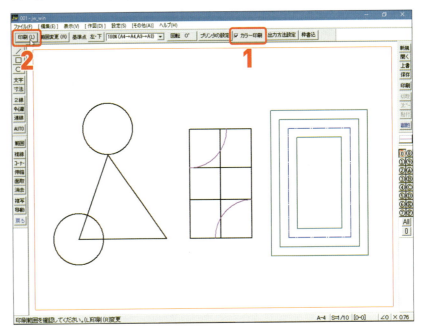

上書き保存しよう

図面の印刷が終わったら、図面を上書き保存して終了しましょう。

1 » メニューバー[ファイル]-「上書き保存」を🖱。

2 » ✕(閉じる)を🖱し、Jw_cadを終了する。

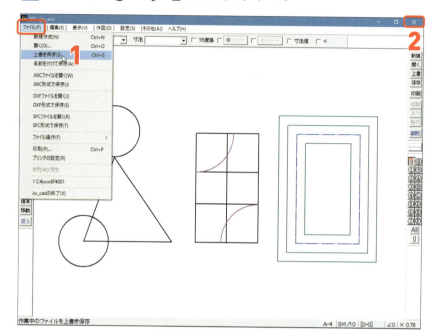

📖 おぼえておこう

p.77 で設定した印刷線幅の設定や、「印刷」コマンドでの「カラー印刷」などの指定（用紙サイズ、印刷向きは除く）も、ともに上書き保存されます。**1** の操作の代わりに、ツールバーの「上書」コマンドを🖱しても上書き保存できます。

📖 おぼえておこう

ズーム機能

両ボタンドラッグのドラッグ方向により、右図の4つのズーム機能があります。

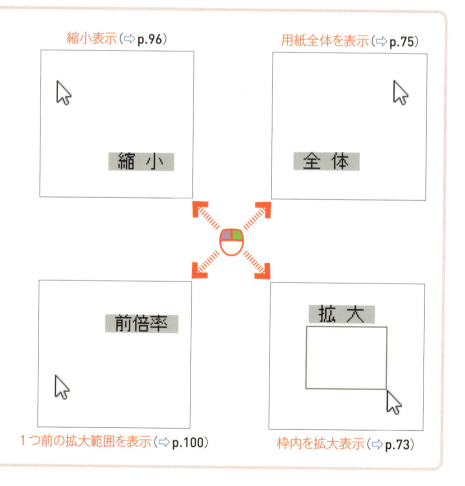

3章　保存した図面を開き、続きを作図して印刷しよう

80　はじめて学ぶJw_cad 8

4章 机の正面図を作図しよう

A4用紙に図面枠を作図し、下図の机正面図を縮尺1/10で作図しましょう。

▼ 完成図

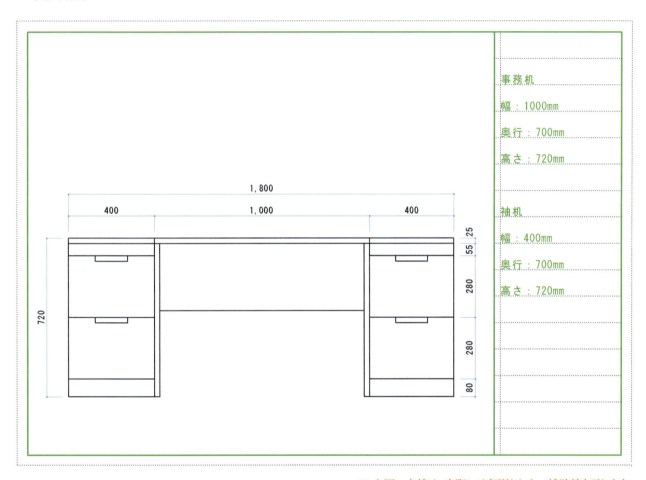

※ 上図の点線は、実際には印刷されない補助線を示します。

印刷枠を補助線で作図しよう

プリンタ機種によって異なる印刷可能な範囲を把握するため、補助線で印刷枠を作図しましょう。

📘 用紙サイズ・縮尺設定 ➡ p.36

おぼえておこう
補助線種で作図された線は印刷されません。

おぼえておこう
3〜**5**の操作は印刷するとき（➡ p.78）と同じです。この後、コントロールバー「枠書込」ボタンを🖱することで、現在表示されている印刷枠が書込線で作図されます。

1 » Jw_cadを起動し、用紙サイズをA4、縮尺を1/10に設定する。

2 »「線属性」コマンドを🖱し、「線属性」ダイアログで「線色2」と「補助線種」を選択し、「OK」ボタンを🖱。

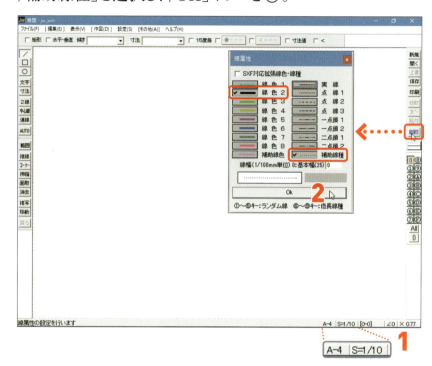

3 »「印刷」コマンドを選択し、「印刷」ダイアログでプリンタ機種を確認して「OK」ボタンを🖱。

4 » コントロールバー「プリンタの設定」ボタンを🖱。

5 »「プリンターの設定」ダイアログの用紙サイズを「A4」、印刷の向きを「横」に設定し、「OK」ボタンを🖱。

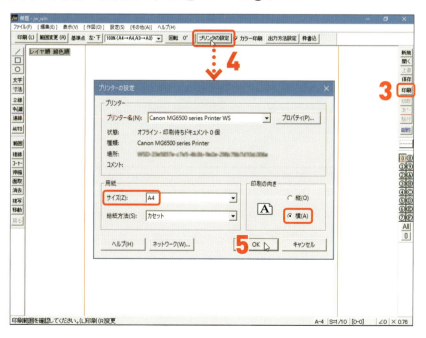

6 » 印刷枠が作図ウィンドウに入っていることを確認し、コントロールバー「枠書込」ボタンを🖱。

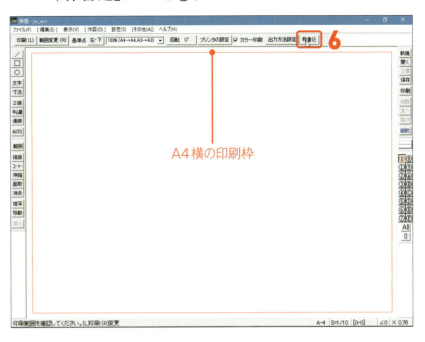

A4横の印刷枠

おぼえておこう

プリンタ機種によって印刷可能な範囲が異なるため、作図された印刷枠の大きさもプリンタ機種により異なります。

7 » 「／」コマンドを選択し、「印刷」コマンドを終了する。

印刷可能な範囲を示す印刷枠が書込線の線色2・補助線で作図される

図面枠を作図しよう

作図した印刷枠から50mm内側に、線色3・実線で図面枠を作図しましょう。

ヒント

「複線」コマンドで作図方向指示時に🖱（前複線と連結 ⇨ p.70）することで、「コーナー」コマンドでの角を作る操作が1カ所で済みます。

図面枠右に文字の記入欄を作図しましょう。

1 »» 「線属性」コマンドを🖱し、書込線を「線色3・実線」にする。

2 »» 「複線」コマンドを選択し、補助線で作図した印刷枠の四辺から50mm内側に複線を作図する。

3 »» 「コーナー」コマンドで角を作り、矩形に整える。

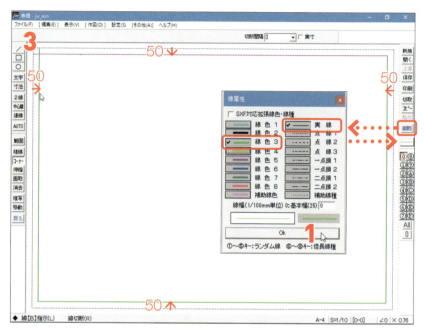

4 »» 「複線」コマンドを選択し、図面枠右辺から600mm内側に複線を作図する。

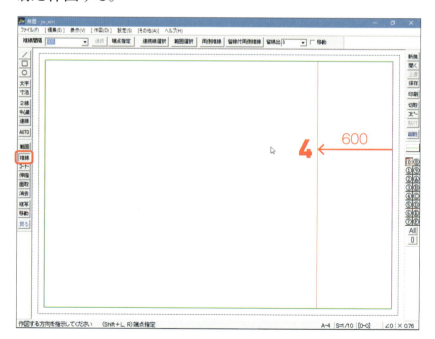

文字を記入するための罫線を作図しよう

右の枠内に、文字記入のための罫線（ガイドライン）を補助線で作図しましょう。

1 » 「線属性」コマンドを🖱し、書込線を「線色2・補助線種」にする。

2 » 「複線」コマンドで、図面枠上辺から120mm下に複線を作図する。

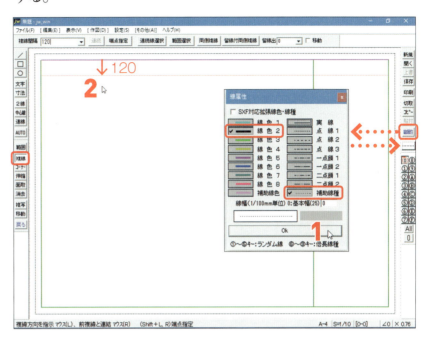

作図した補助線を右の枠内に縮めましょう。

📖 おぼえておこう

「伸縮」コマンドでは、🖱で指示した線を次に指示する伸縮点まで伸ばすことや縮めることができます。線を縮める場合、伸縮の対象線を🖱する位置が重要です。次に指示する伸縮点に対し、残す側を🖱してください。

3 » 「伸縮」コマンドを選択する。

4 » 伸縮対象線として、2で作図した補助線を下図の位置で🖱。

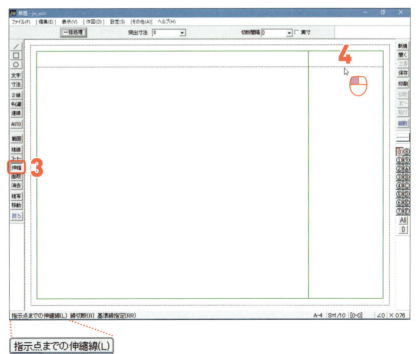

5 » 伸縮する位置（伸縮点）として、下図の交点を🖱。

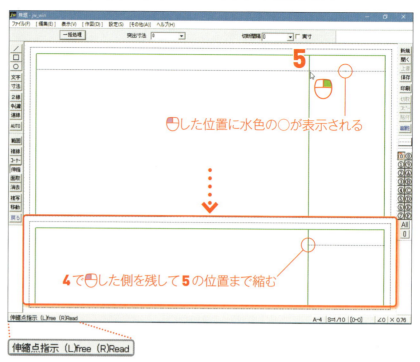

縮めた補助線から下側に**120mm**の間隔でガイドラインを作図しましょう。

6 » 「複線」コマンドを選択し、伸縮した補助線から120mm下に複線を作図する。

7 » コントロールバー「連続」ボタンを🖱。

📖 **おぼえておこう**

コントロールバー「連続」ボタンを🖱することで、直前に作図した複線と同間隔で同方向に、🖱した回数分の複線を作図できます。

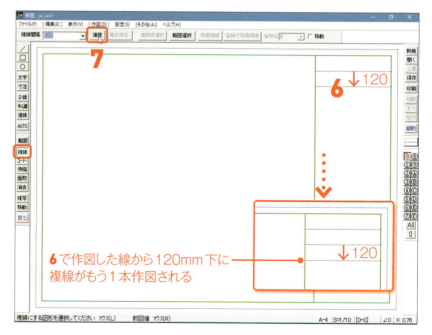

続けて、図面枠下辺まで同間隔（120mm）でガイドラインを作図しましょう。

? 作図した複線の本数や最終行の間隔が右図とは異なる
⇨ p.198 Q20

8 » コントロールバー「連続」ボタンを必要な本数分 🖱 し、文字記入のための罫線を下図のように作図する。

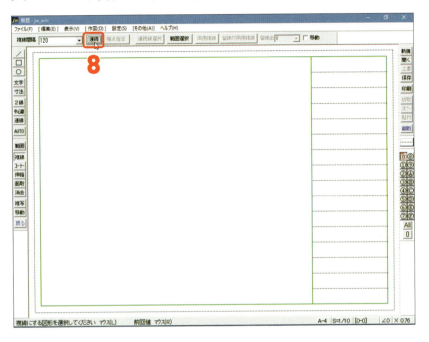

文字記入の際、文字の先頭を揃えるためのガイドラインを作図しましょう。

9 » 下図の縦線から30mm右に複線を作図する。

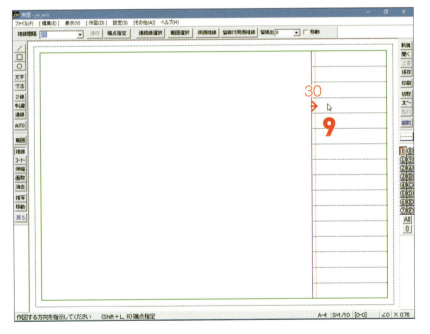

印刷線幅を設定し、図面を保存しよう

線色1（水色）を0.08mm、線色2（黒）を0.3mm、線色3（緑）を0.6mmに設定しましょう。

📎 印刷線幅の指定方法 ⇨ p.76

1 » メニューバー［設定］-「基本設定」を選択し、「色・画面」タブを🖱。

2 »「実点を指定半径（mm）でプリンタ出力」と「線幅を1/100mm単位とする」にチェックを付け、「線色1」「線色2」「線色3」の「線幅」ボックスに「8」、「30」、「60」を入力して、「OK」ボタンを🖱。

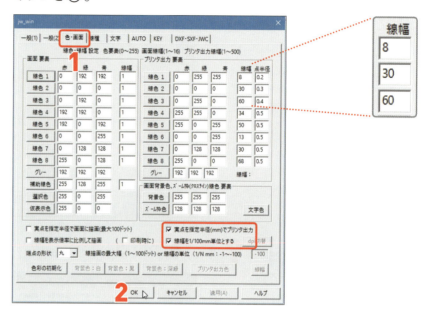

「jww8F」フォルダーに名前「002」として保存しましょう。

📖 おぼえておこう

3の操作の代わりに、メニューバー［ファイル］-「名前を付けて保存」を選択しても同じです。図面とともに、**2**で行った線の太さの設定も保存されます。

3 »「保存」コマンドを選択する。

4 »「ファイル選択」ダイアログで「jww8F」フォルダーが開いていることを確認し、「新規」ボタンを🖱。

5 »「新規作成」ダイアログの「名前」ボックスに「002」を入力し、「OK」ボタンを🖱。

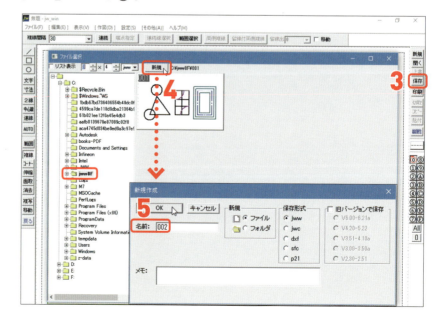

中心線を作図しよう

左の枠の左右を2分する中心線を作図しましょう。

おぼえておこう

「中心線」コマンドは2線間（または2点間、線と点間）の中心線を任意の長さで作図します。線を対象とする場合は🖱️、点を対象とする場合は🖱️で指示します。

1 » 「中心線」コマンドを選択する。

2 » 1番目の線として、枠の左辺を🖱️。

3 » 2番目の線として、枠の右辺を🖱️。

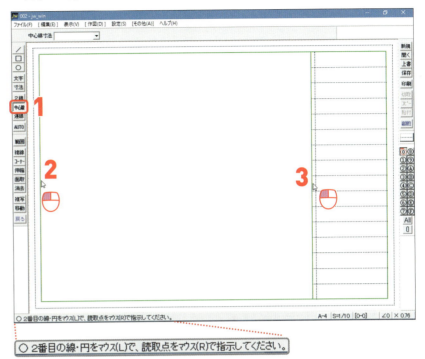

○ 2番目の線・円をマウス(L)で、読取点をマウス(R)で指示してください。

4 » 中心線の始点として、枠の左上角を🖱️。

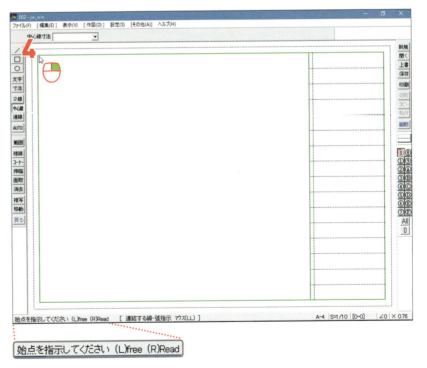

始点を指示してください (L)free (R)Read

5 » 中心線の終点として、枠の左下角を🖱。

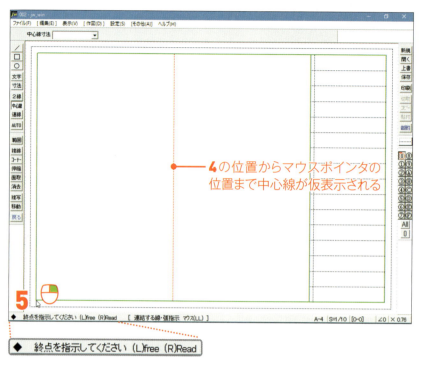

同様に枠の上下を2分する中心線を作図しましょう。

6 » 1番目の線として、枠の上辺を🖱。

7 » 2番目の線として、枠の下辺を🖱。

8 » 中心線の始点として、枠の左上角を🖱。

9 » 中心線の終点として、枠の右上角を🖱。

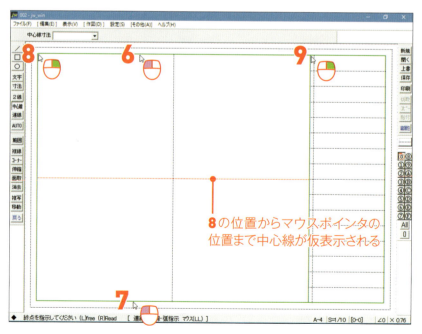

事務机の天板を作図しよう

図面枠の中央を拡大表示し、「□」(矩形)コマンドで事務机の天板(1000mm×25mm)を図面枠の中心に作図しましょう。

📙 書込線の変更 ⇨ p.65

おぼえておこう

「寸法」ボックスには、横の寸法と縦の寸法を「,」(半角カンマ)で区切って入力します。

1 » 書込線を「線色2・実線」にする。

2 » 下図の位置から🖱↘し、表示される拡大範囲枠で下図の範囲を囲み、マウスボタンをはなす。

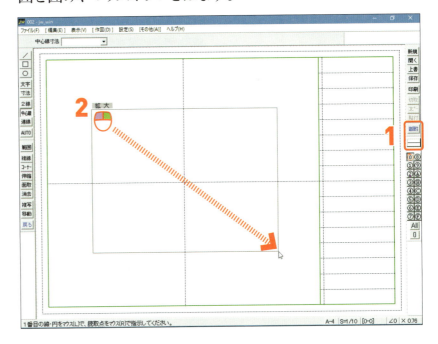

3 » 「□」(矩形)コマンドを選択する。

4 » コントロールバー「寸法」ボックスに「1000,25」を入力する。

5 » 矩形の基準点として、中心線の交点を🖱。

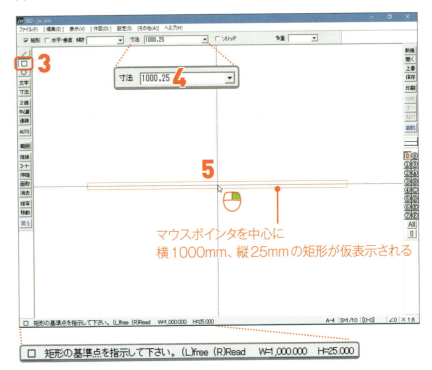

マウスポインタを中心に
横1000mm、縦25mmの矩形が仮表示される

91

おぼえておこう

「□」コマンドでは矩形の基準点を指示後、マウスポインタを移動して仮表示の矩形を動かすことで、矩形の下図9カ所のいずれかを基準点に合わせて作図します。

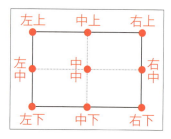

6 » マウスポインタを**5**の基準点の上下左右に移動し、仮表示の矩形の位置が変化することを確認する。

7 » マウスポインタを上に移動し、**5**の基準点に仮表示の矩形の下辺中点(中下)を合わせ、作図位置を決める🖱。

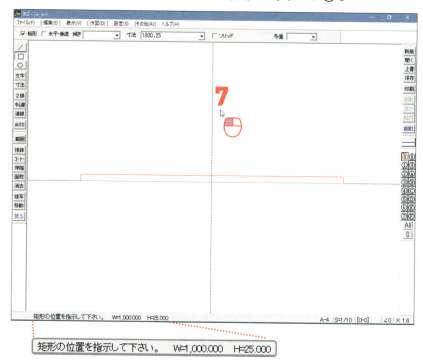

作図ウィンドウをスライドしよう

天板の下側にこれから脚を作図するため、天板が作図ウィンドウの上端にくるよう、作図ウィンドウをスライドしましょう。

おぼえておこう

Shiftキーを押したまま🖱↑(上方向へ両ドラッグ)することで、作図ウィンドウがドラッグ方向にスライドします。

❓ **1**の操作でスライドしない
⇨ p.198 Q21

1 » 作図ウィンドウの下側にマウスポインタをおき、Shiftキーを押したまま🖱↑(上方向へ両ドラッグ)。

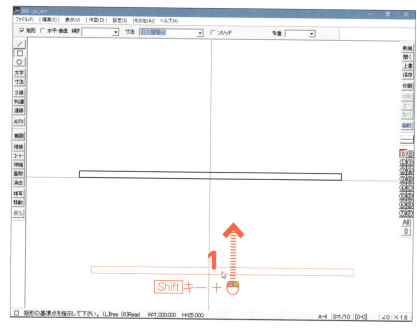

4章 机の正面図を作図しよう

92 はじめて学ぶJw_cad8

事務机の脚を作図しよう

続けて、「□」（矩形）コマンドで、事務机の左脚（25mm×695mm）を作図しましょう。

1 » 「□」コマンドのコントロールバー「寸法」ボックスに「25,695」を入力する。

2 » 矩形の基準点として、天板の左下角を🖱。

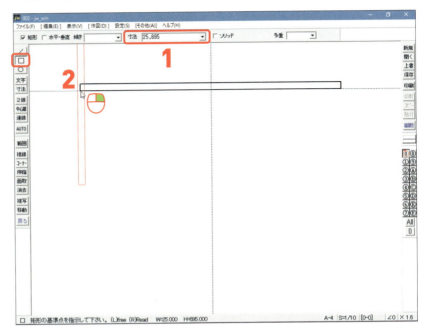

おぼえておこう

天板下辺に脚上辺が重なり、線が二重に作図されますが、ここで重複した線は、後で行う「データ整理」（⇨ p.102）で1本にできます。

3 » 仮表示の矩形左上を**2**の基準点に合わせ、作図位置を決める🖱。

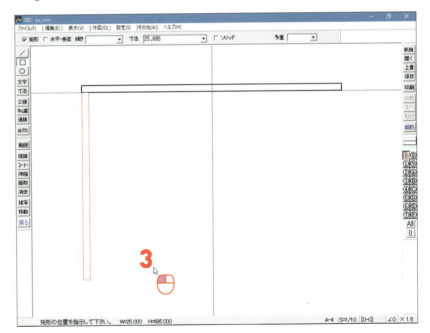

続けて、右脚も作図しましょう。

4 » 矩形の基準点として、天板の右下角を🖱。

5 » 仮表示の矩形右上を4の基準点に合わせ、作図位置を決める🖱。

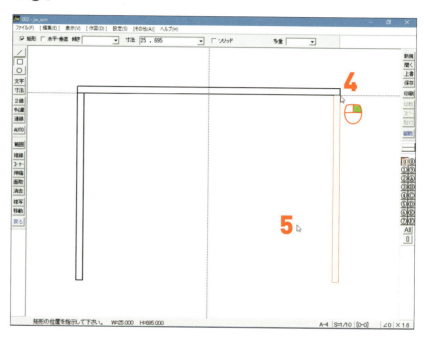

事務机の幕板を作図しよう

天板下辺から305mm下に複線を作図しましょう。

1 » 「複線」コマンドを選択し、コントロールバー「複線間隔」ボックスに「305」を入力する。

2 » 基準線として、天板下辺を🖱。

3 » 下側で作図方向を決める🖱。

おぼえておこう

天板下辺は中心線の補助線に重ねて作図されています。そのため、複線の基準線として天板下辺を🖱すると、長い補助線のほうが基準線になり、補助線と同じ長さの複線が仮表示されます。

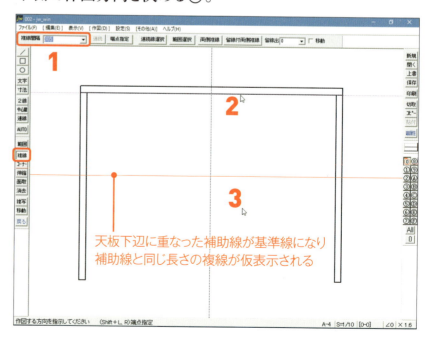

天板下辺に重なった補助線が基準線になり補助線と同じ長さの複線が仮表示される

左右の脚の間に収まるように、作図した線の両側を縮めましょう。

4 » 「伸縮」コマンドを選択する。

5 » 伸縮の対象線として、**3**で作図した線を🖱。

6 » 伸縮点として、下図の交点を🖱。

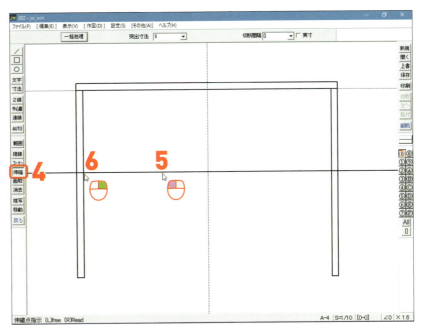

7 » 伸縮の対象線として、**3**で作図した線を🖱。

8 » 伸縮点として、下図の交点を🖱。

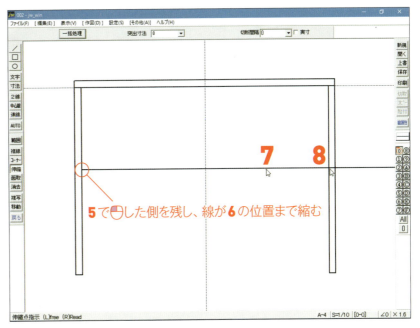

5で🖱した側を残し、線が**6**の位置まで縮む

補助線を消去しよう

2本の補助線は不要になったため、消去しましょう。

おぼえておこう

補助線は印刷されませんが、p.94の「複線」コマンドの操作で経験したように、補助線があるために思わぬ結果になることもあり得ます。不要になった補助線はその都度、消去しましょう。

1 » 「消去」コマンドを選択する。

2 » 消去対象として、水平方向の補助線を🖱。

3 » 消去対象として、垂直方向の補助線を🖱。

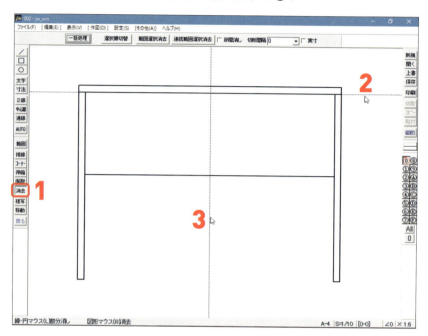

縮小表示しよう

作図した机の右側に袖机を作図するため、縮小表示しましょう。

おぼえておこう

作図ウィンドウで🖱↖（左上方向へ両ドラッグ）することで、縮小と表示され、🖱↖位置を中心として作図ウィンドウの表示が縮小されます。

1 » 作図ウィンドウで🖱↖（左上方向へ両ドラッグ）し、縮小 が表示されたらボタンをはなす。

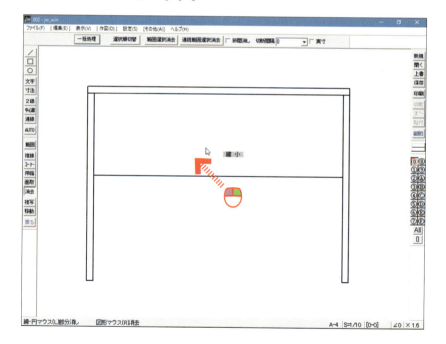

袖机を作図しよう

はじめに「□」コマンドで袖机の外形となる矩形（400mm×720mm）を机の右側に作図しましょう。

1 » 「□」コマンドを選択し、コントロールバー「寸法」ボックスに「400,720」を入力する。

2 » 矩形の基準点として、事務机天板の右上角を🖱。

3 » 仮表示の矩形の左上を**2**の基準点に合わせ、作図位置を決める🖱。

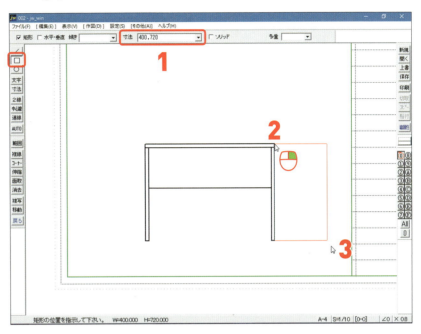

「複線」コマンドで引出しの線を作図しましょう。

4 » 袖机部分を拡大表示する。

5 » 「複線」コマンドを選択し、作図した矩形の下辺から下図の寸法で複線を作図する。

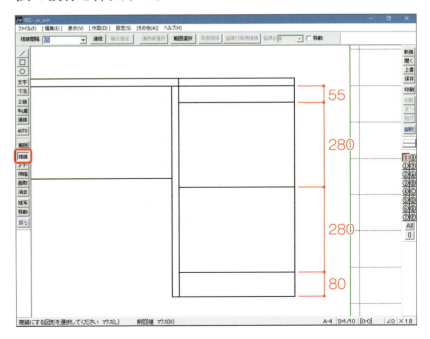

引出しの取手部を作図するため、袖机の横幅の中心線を補助線で作図しましょう。

🔃 中心線の作図 ⇨ p.89

6 »» 書込線を「線色2・補助線種」にする。

7 »» 「中心線」コマンドを選択し、1番目の線として袖机左辺を🖱、2番目の線として袖机右辺を🖱。

8 »» 中心線の始点を🖱。

9 »» 中心線の終点を🖱。

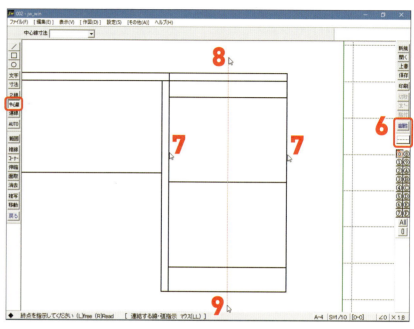

引出しの取手となる矩形（150mm×25mm）を作図しましょう。

🔃 矩形の作図 ⇨ p.91

10 »» 書込線を「線色2・実線」にする。

11 »» 「□」コマンドを選択し、コントロールバー「寸法」ボックスに「150,25」を入力する。

12 »» 下図の2カ所に矩形を作図する。

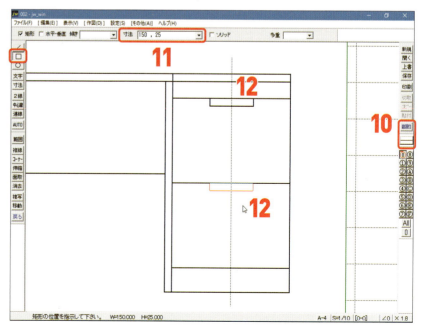

袖机を机の左側に複写しよう

「複写」コマンドを選択し、袖机を選択範囲枠で囲むことで複写の対象として指定しましょう。

おぼえておこう

操作の対象を選択範囲枠で囲んで指定することを「範囲選択」と呼びます。選択範囲枠に全体が入る要素が操作対象として選択されます。その一部が選択範囲枠に入る要素は選択されません。

❓ 机の脚の線も選択色になった ⇨ p.198 Q22

1 ≫ 「複写」コマンドを選択する。

2 ≫ 選択範囲の始点として、袖机の右上で🖱。

3 ≫ 表示される選択範囲枠で袖机全体を囲み、終点を🖱。

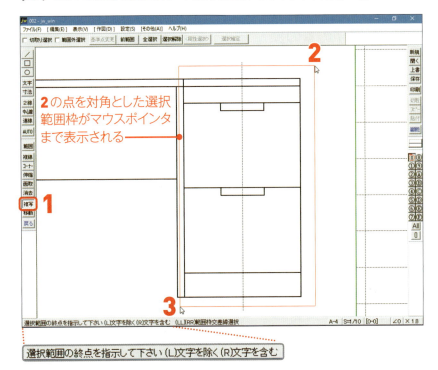

2の点を対角とした選択範囲枠がマウスポインタまで表示される

選択範囲の終点を指示して下さい (L)文字を除く (R)文字を含む

4 ≫ 下図のように、袖机全体が選択色になったことを確認し、コントロールバー「選択確定」ボタンを🖱。

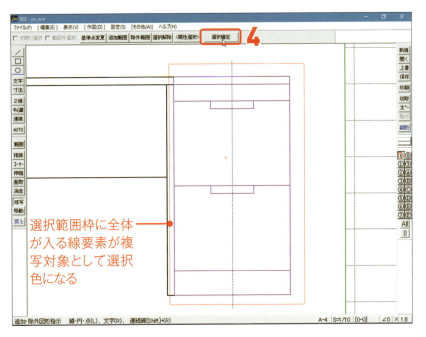

選択範囲枠に全体が入る線要素が複写対象として選択色になる

複写対象が確定し、複写要素がマウスポインタに仮表示されるので、机全体が表示されていた1つ前の拡大範囲(⇨p.97の**4**の操作前)に戻しましょう。

📖 **おぼえておこう**

作図ウィンドウで🖱️↙(左下方向へ両ドラッグ)することで、前倍率と表示され、1つ前の拡大倍率の表示画面になります。

5 » 作図ウィンドウで🖱️↙(左下方向へ両ドラッグ)し、前倍率が表示されたらボタンをはなす。

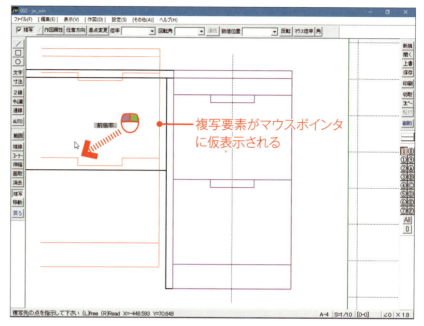

複写要素がマウスポインタに仮表示される

仮表示の複写要素に対するマウスポインタの位置を基準点と呼びます。現在の基準点では正確な位置に複写できないため、基準点を変更しましょう。

| 補足 | 以降、画面の拡大・縮小などのズーム操作についての記載は省きます。各自、必要に応じてズーム操作を行ってください。

6 » コントロールバー「基点変更」ボタンを🖱️。

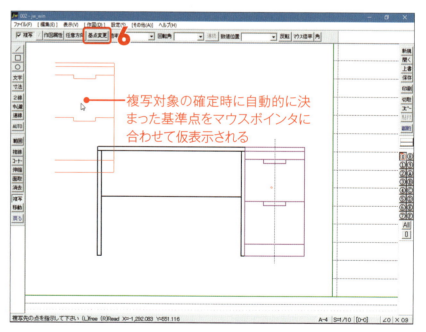

複写対象の確定時に自動的に決まった基準点をマウスポインタに合わせて仮表示される

おぼえておこう

正確に複写するために、複写先としてどの点を🖱するのかを想定して、複写の基準点を決めてください。

7 » 複写の基準点として、複写元の袖机の右上角を🖱。

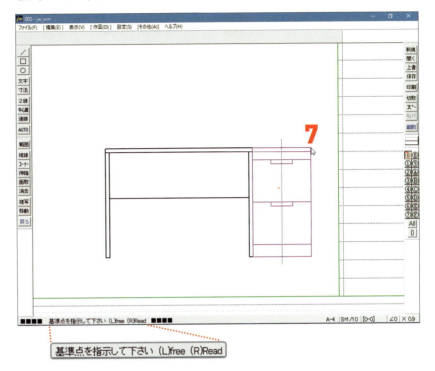

基準点を指示して下さい (L)free (R)Read

複写先の点を指示しましょう。

8 » 複写先の点として、机天板の左上角を🖱。

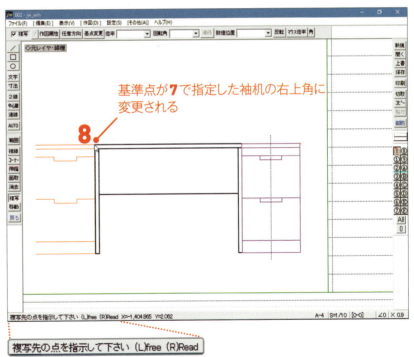

基準点が **7** で指定した袖机の右上角に変更される

複写先の点を指示して下さい (L)free (R)Read

101

「複写」コマンドを終了し、袖机中心の補助線を消しましょう。

おぼえておこう

他のコマンドを選択するまでは、次の複写先を指示することで、同じ複写要素を続けて複写できます。次に使用する「消去」コマンドを選択することで、「複写」コマンドが終了します。

9 » 「消去」コマンドを選択する。

10 » 袖机中心の補助線を🖱して消去する。

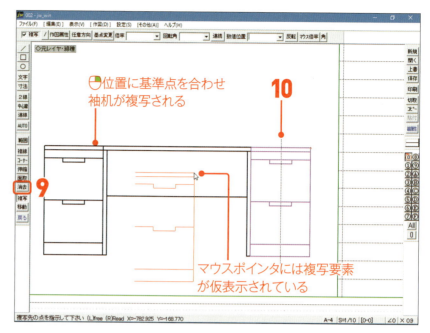

重複した線を1本に整理しよう

同じ線色・線種の線が二重に作図されている個所があります。「データ整理」コマンドで、これらの重複した線を1本にしましょう。「データ整理」コマンドを選択し、データ整理の対象を範囲選択しましょう。

1 » メニューバー［編集］-「データ整理」を選択する。

2 » 選択範囲の始点として、机の左上で🖱。

3 » 表示される選択範囲枠で机全体を囲み、終点を🖱。

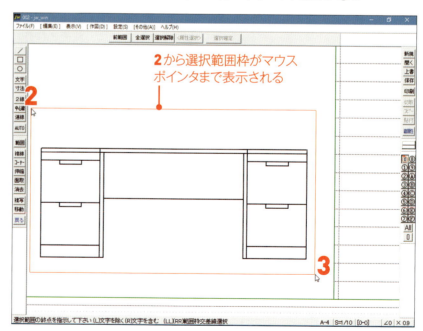

4 » データ整理の対象として机全体が選択色になったことを確認し、コントロールバー「選択確定」ボタンを🖱。

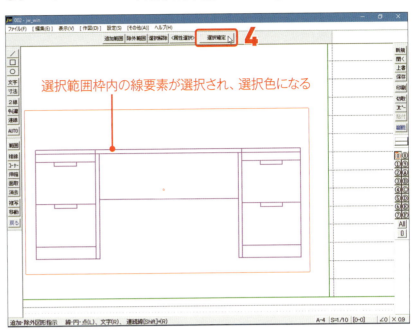

5 » コントロールバーの「重複整理」ボタンを🖱。

6 » 「上書」コマンドを🖱し、上書き保存する。

データ整理の方法を指定してデータ整理を行い、上書き保存しましょう。

おぼえておこう

「重複整理」は重ねがきした同じ線色・線種の線・円・弧・実点を1つにします。

❓ 表示される数値が右図と異なる ⇨ p.198 Q23

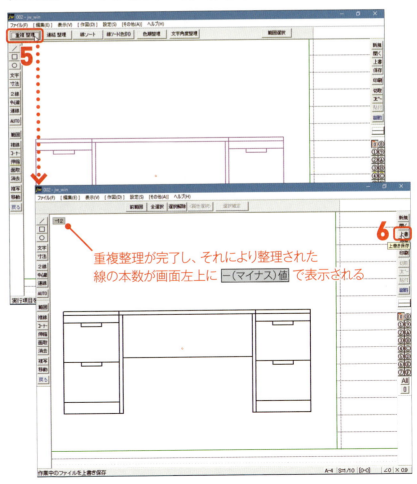

文字を記入しよう

文字の記入は、「文字」コマンドを選択し、「文字入力」ボックスに文字を入力した後、記入位置を指示します。

1 » 「文字」コマンドを選択する。

2 » 「文字入力」ボックスに「事務机」を入力する。

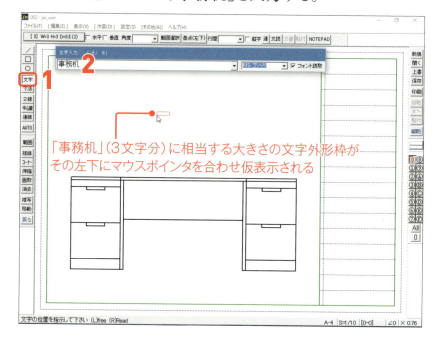

「事務机」（3文字分）に相当する大きさの文字外形枠がその左下にマウスポインタを合わせ仮表示される

文字は書込文字種の大きさで記入されます。これから記入する文字の大きさを変更しましょう。

3 » コントロールバー「書込文字種」ボタンを🖱。

4 » 「書込み文字種変更」ダイアログの「文字種[5]」を🖱。

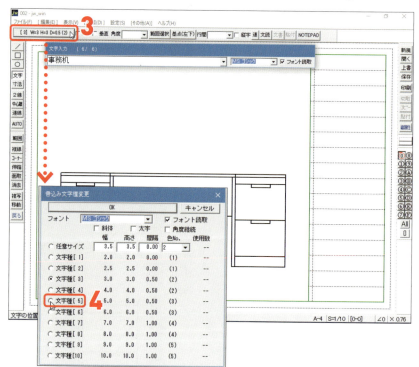

📖 おぼえておこう

これから記入する文字（書込文字種）の大きさは、「書込み文字種変更」ダイアログで指定します。文字種には、あらかじめ用意されたサイズ固定の文字種[1]〜[10]と、記入時にサイズを指定できる「任意サイズ」があります。文字のサイズを決める「幅」「高さ」「間隔」は、図面の縮尺にかかわらず、実際に印刷される幅・高さ・間隔（mm）で指定します。このような指定を、「実寸」に対して「図寸」と呼びます。

― 4章 机の正面図を作図しよう ―

右の枠の2段目に、文字「事務机」を記入しましょう。

❓ 文字記入したい位置が、「文字入力」ダイアログで隠れて🖱️できない ➡ p.199 Q24

5 » 「事務机」の記入位置として、2段目の補助線交点を🖱️。

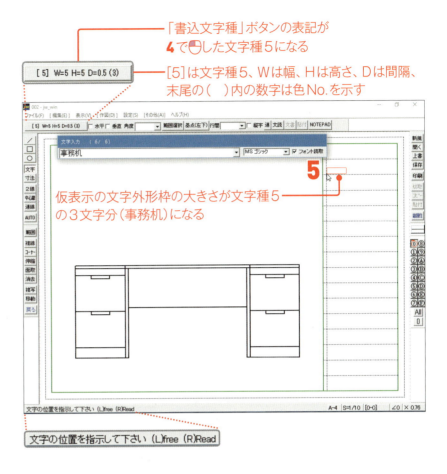

- 「書込文字種」ボタンの表記が 4で🖱️した文字種5になる
- [5]は文字種5、Wは幅、Hは高さ、Dは間隔、末尾の（ ）内の数字は色No.を示す
- 仮表示の文字外形枠の大きさが文字種5の3文字分（事務机）になる

3段目に、文字「幅：1000mm」を記入しましょう。

6 » 「文字入力」ボックスに「幅：1000mm」を入力する。

7 » 文字の記入位置として、3段目の補助線交点を🖱️。

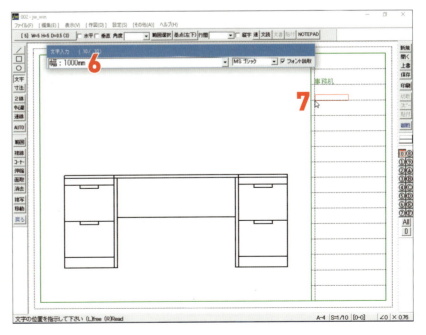

105

4段目以降の文字も、p.81の完成図を参考にして同様に記入しましょう。

📖 **おぼえておこう**

以前に入力した文字（単語）は、「文字入力」ボックスの▼を🖱し、表示される履歴リストから🖱で選択することで、「文字入力」ボックスに入力できます。

8 » 同様に、4段目に「奥行：700mm」、5段目に「高さ：720mm」を、1段あけて7段目に「袖机」、8段目に「幅：400mm」を記入する。

9 » 「文字入力」ボックスの▼を🖱し、履歴リストから「奥行：700mm」を🖱で選択する。

10 » 文字の記入位置として、9段目の補助線交点を🖱。

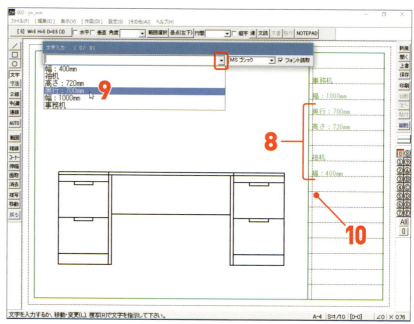

11 » 「文字入力」ボックスの▼を🖱し、履歴リストから「高さ：720mm」を🖱で選択する。

12 » 文字の記入位置として、10段目の補助線交点を🖱。

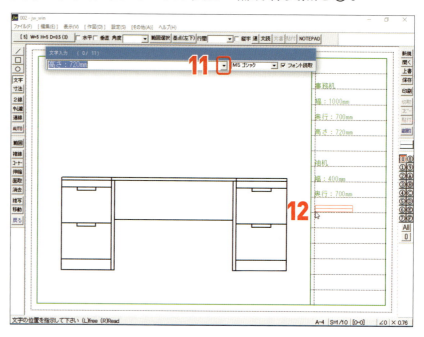

寸法記入の準備をしよう

これから記入する寸法部の寸法値のサイズ（**文字種**）や寸法線、引出線、実点の線色を設定しましょう。

1 » 「寸法」コマンドを選択する。

2 » コントロールバー「設定」ボタンを🖱。

3 » 「寸法設定」ダイアログの「文字種類」ボックスを🖱し、既存の数値を消して「4」を入力する。

4 » 同様に、「寸法線色」「引出線色」「矢印・点色」ボックスの数値を「1」にする。

5 » 「寸法線と値を【寸法図形】にする…」にチェックを付ける。

6 » 「OK」ボタンを🖱。

おぼえておこう

寸法値は、文字種類[1]〜[10]（➡ p.104）のいずれかを指定することでそのサイズが決まります。寸法の各部名称は、下図のとおりです。

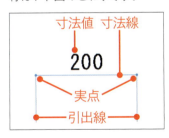

➡ 寸法図形 ➡ p.119

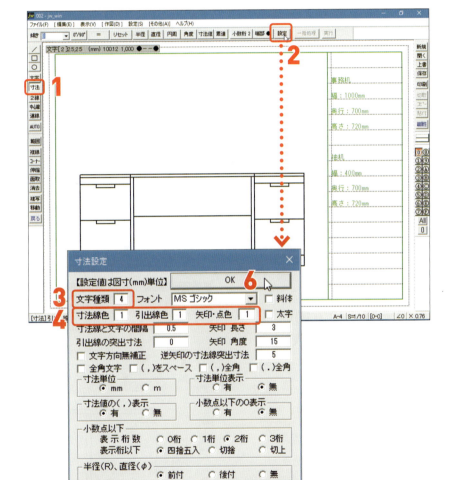

4章 机の正面図を作図しよう

寸法記入のための補助線を作図しよう

寸法の記入位置の目安として、机の外形線から間隔100mm外側に補助線を作図しましょう。

1 » 書込線を「線色2・補助線種」にする。

2 » 「複線」コマンドを選択し、机の上と左右に下図のように間隔100mmで複線を作図する。

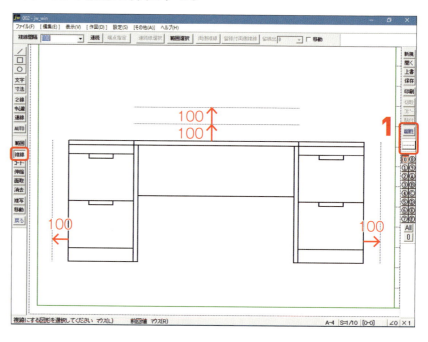

横方向の1段目の寸法を記入しよう

机の上側に横方向の1段目の寸法を記入しましょう。

1 » 「寸法」コマンドを選択する。

2 » コントロールバー「傾き」ボックスが「0」であることを確認し、引出線タイプボタン「＝」を3回🖱して「－」に切り替える。

おぼえておこう

「傾き」ボックスが「0」のときは、水平方向の寸法を記入します。引出線タイプボタンを🖱で、「＝」⇒「＝(1)」⇒「＝(2)」⇒「－」に切り替わります。引出線タイプによって、この後の操作手順や記入される寸法引出線の開始位置が異なります。

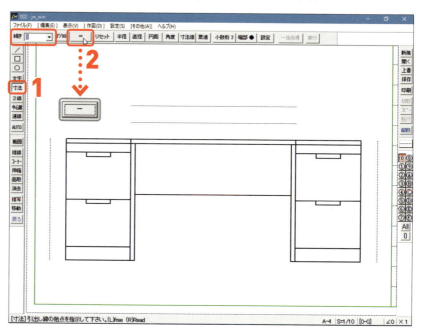

3 » 寸法線の記入位置として、下図の補助線の端点を🖱。

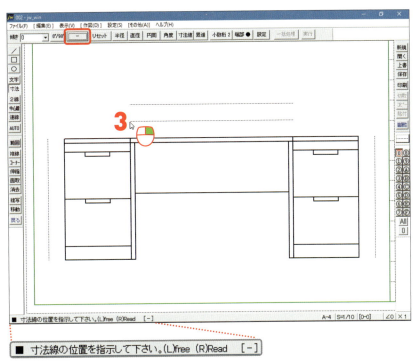

おぼえておこう

「寸法」コマンドでは、図面上の2点を指示し、その間隔（または距離）を寸法として記入します。寸法の始点、終点として点のない位置を指示することはできません。寸法の始点、終点指示は🖱、🖱のいずれでも既存の点を読み取ります。

4 » 寸法の始点として、袖机の左角を🖱。

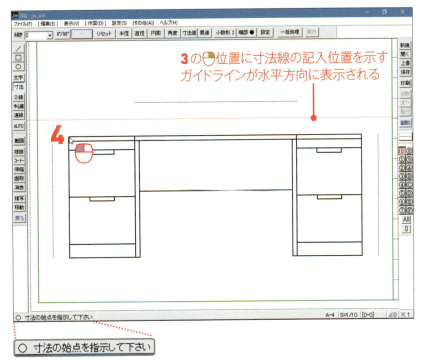

3の🖱位置に寸法線の記入位置を示すガイドラインが水平方向に表示される

109

おぼえておこう

引出線タイプ「ー」では、始点・終点指示した点から「寸法設定」ダイアログ（⇨ p.107）の「引出線位置」ボックスで指定の間隔（図寸）をあけて引出線を作図します。

5 » 寸法の終点として、事務机の左角を🖱。

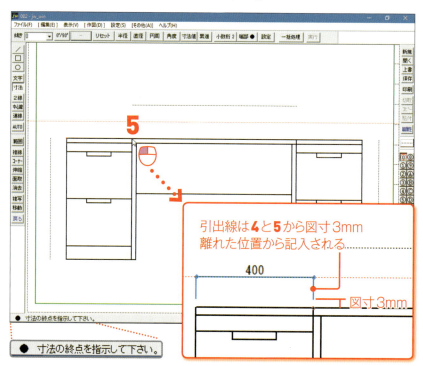

引出線は **4** と **5** から図寸3mm 離れた位置から記入される

図寸3mm

● 寸法の終点を指示して下さい。

おぼえておこう

寸法の始点・終点指示で、3点目以降の指示は、🖱と🖱とでは違う働きをします。直前に記入した寸法の終点から次に指示する点までの寸法を記入するには、次の点を🖱で指示します。

6 » 連続入力の終点として、事務机の右角を🖱。

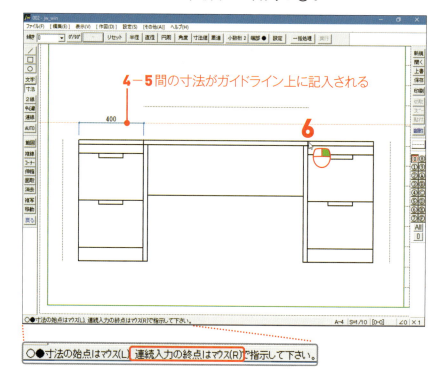

4ー5 間の寸法がガイドライン上に記入される

○●寸法の始点はマウス(L), 連続入力の終点はマウス(R)で指示して下さい。

7 » 連続入力の終点として、袖机の右角を🖱。

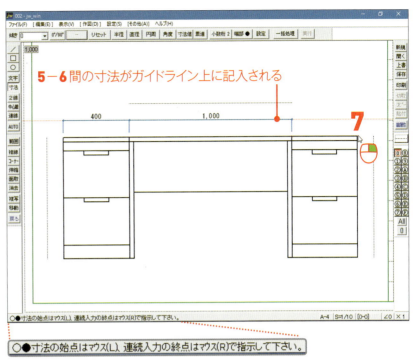

8 » コントロールバー「リセット」ボタンを🖱。

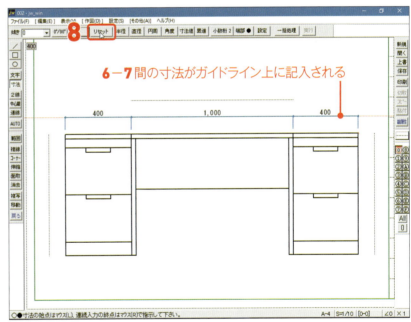

他の位置に寸法を記入するため、現在の寸法記入位置の指定を解除しましょう。

おぼえておこう

現在表示されているガイドラインと異なる位置に寸法を記入するには、「リセット」ボタンを🖱して現在のガイドラインを解除します。

横方向の2段目の寸法を記入しよう

前項で作図した寸法の上側に、横方向の2段目寸法を記入しましょう。

📖 おぼえておこう

引出線タイプ「＝」では、はじめに引出線の始点（開始）位置と、寸法線の記入位置を指示します。

1 » 「寸法」コマンドのコントロールバー引出線タイプボタン「−」を🖱し、「＝」に切り替える。

2 » 引出線の始点位置として、1段目の寸法線の端点を🖱。

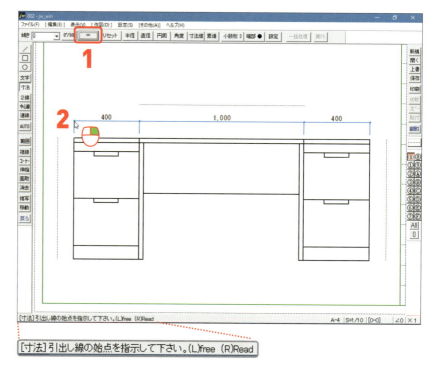

[寸法]引出し線の始点を指示して下さい。(L)free (R)Read

3 » 寸法線の記入位置として、外側の補助線の端点を🖱。

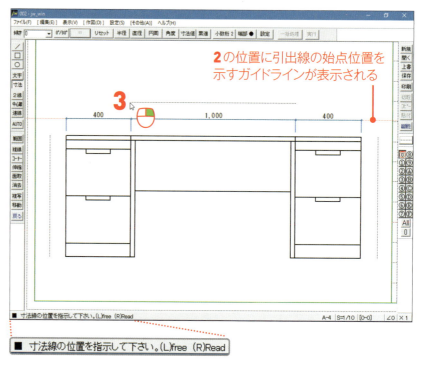

2の位置に引出線の始点位置を示すガイドラインが表示される

■ 寸法線の位置を指示して下さい。(L)free (R)Read

4 » 寸法の始点として、左の袖机の左角を🖱。

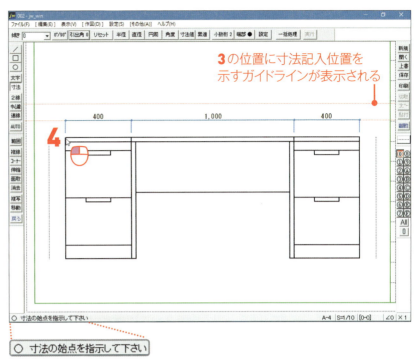

5 » 寸法の終点として、右の袖机の右角を🖱。

6 » コントロールバー「リセット」ボタンを🖱。

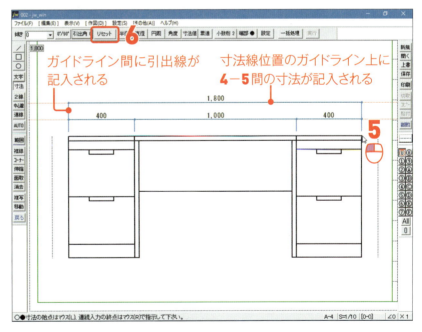

縦方向の寸法を左側に記入しよう

左側に机の高さ寸法を記入しましょう。

📖 おぼえておこう

コントロールバー「傾き」ボックスでは、寸法線の角度を指定します。縦方向（垂直）の寸法を記入するには、「傾き」ボックスに「90」を指定します。コントロールバーの「0°/90°」ボタンを🖱することで、「傾き」ボックスの数値「0」と「90」が切り替わります。また、引出線タイプボタンを🖱することで、🖱した場合とは逆回りに「＝」⇒「－」⇒「＝(2)」⇒「＝(1)」と切り替わります。

1 »» コントロールバー「0°/90°」ボタンを🖱し、「傾き」ボックスを「90」にする。

2 »» コントロールバー引出線タイプボタン「＝」を🖱し、「－」に切り替える。

3 »» 寸法線位置として、左側の補助線端点を🖱。

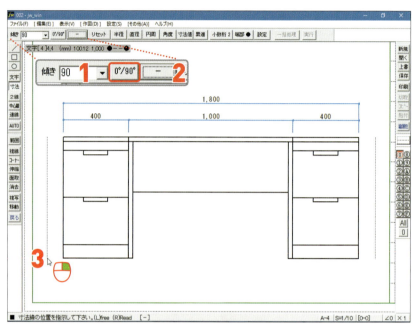

4 »» 寸法の始点として、袖机の左下角を🖱。

5 »» 寸法の終点として、袖机の左上角を🖱。

6 »» コントロールバー「リセット」ボタンを🖱。

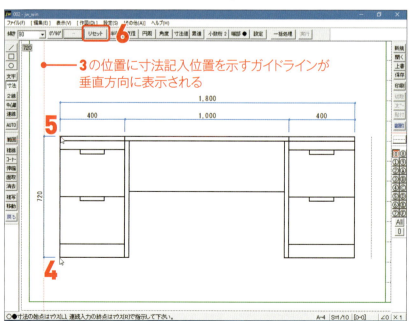

3の位置に寸法記入位置を示すガイドラインが垂直方向に表示される

4章　机の正面図を作図しよう

114　はじめて学ぶJw_cad 8

縦方向の寸法を右側に記入しよう

右側に、袖机の各部の高さ寸法を記入しましょう。

1 » 寸法線位置として、右側の補助線端点を🖱。

2 » 寸法の始点として、袖机の右下角を🖱。

3 » 寸法の終点として、1つ上の交点を🖱。

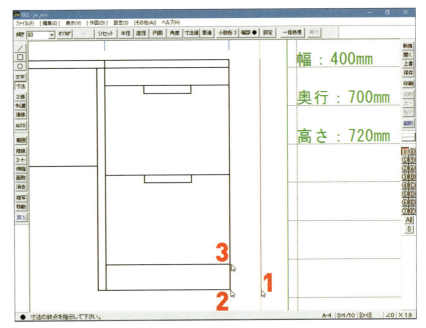

4 » 連続記入の終点として、次の交点を🖱。

5 » 連続記入の終点として、次の交点を🖱。

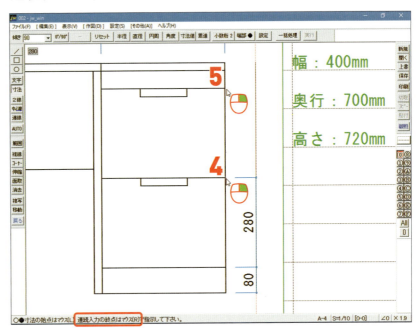

6 » 連続記入の終点として、次の交点を🖱。

7 » 連続記入の終点として、袖机の右上角を🖱。

8 » コントロールバー「リセット」ボタンを🖱。

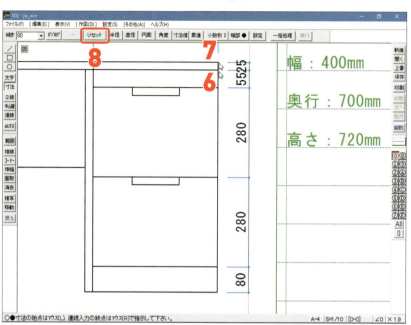

寸法値を移動しよう

作図した寸法値「25」と「55」の位置が近くて読みづらいため、「25」を移動しましょう。

1 » 「寸法」コマンドのコントロールバー「寸法値」ボタンを🖱。

2 » 移動対象の寸法値として、「25」を🖱。

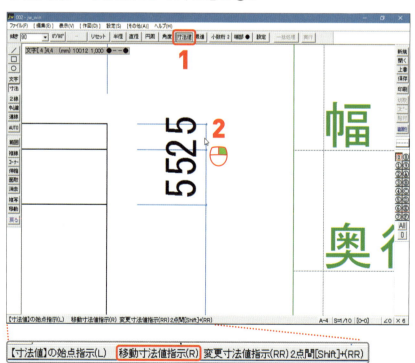

おぼえておこう

「寸法」コマンドの「寸法値」は、2点間の寸法値の記入や寸法値の移動・変更を行います。寸法値を移動するには、移動対象の寸法値（またはその寸法線）を🖱で指示します。

❓ 寸法値「25」を🖱すると 図形がありません と表示され、移動できない ➡ p.199 Q25

他の寸法と位置を揃えたまま、寸法値「25」を引出線の上側に移動しましょう。

おぼえておこう

「文字基点設定」ダイアログでチェックを付けた方向に、寸法値の移動方向が固定されます。「文字横方向」「文字縦方向」は、画面に対する横と縦ではなく、文字に対する横と縦です。

3 » コントロールバー「基点」ボタンを🖱。

4 » 「文字基点設定」ダイアログの「文字横方向」を🖱し、チェックを付けて「OK」ボタンを🖱。

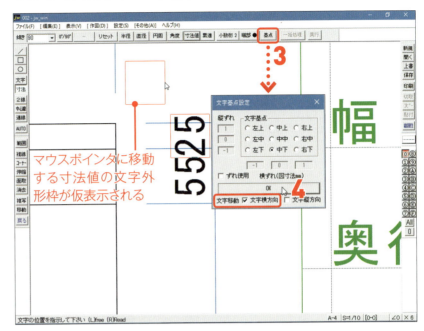

5 » 寸法値の移動先として、引出線の上側で🖱。

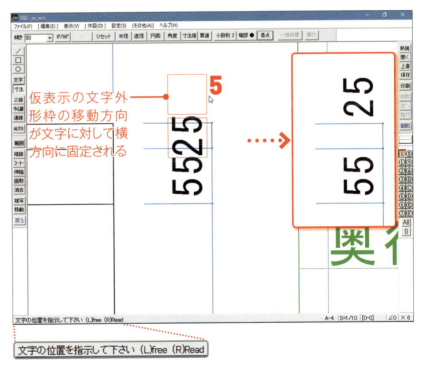

印刷と上書き保存をしよう

作図した図面をA4用紙に印刷しましょう。印刷ができたら、上書き保存しましょう。

📄 印刷 ➡ p.78

❓ 寸法線端部の実点が印刷されない、または小さい ➡ p.199 Q26

1 »» 「印刷」コマンドを選択し、コントロールバー「カラー印刷」のチェックを外して、A4用紙に印刷する。

2 »» 「上書」コマンドを🖱し、上書き保存する。

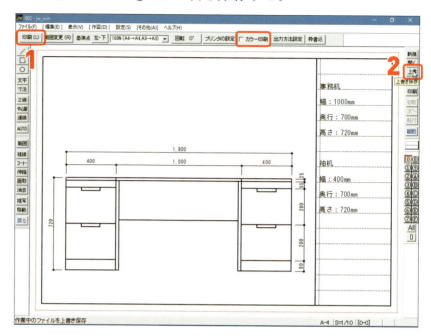

新規図面にしよう

次ページの「やってみよう」を行うため、新規に図面を作図する状態にしましょう。

📖 **おぼえておこう**

1の操作の代わりにメニューバー[ファイル]-「新規作成」を選択しても、新規図面になります。

❓ 「002への変更を保存しますか?」とメッセージウィンドウが開く ➡ p.200 Q27

1 »» 「／」コマンドを選択し、「印刷」コマンドを終了する。

2 »» 「新規」コマンドを🖱。

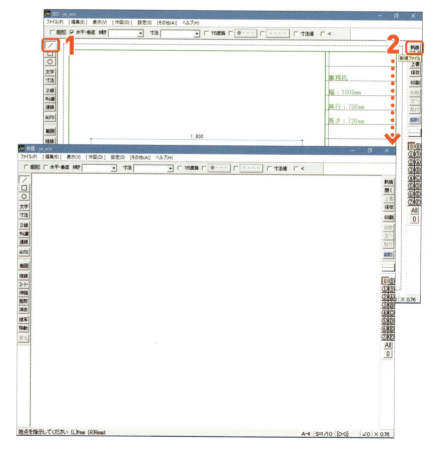

やってみよう 用紙サイズA3、縮尺S＝1/15で、下図を作図しましょう。作図した図面は名前「003」として保存し、以下の線幅設定で印刷してみましょう。

● 線色1：0.12mm ／ 線色2：0.3mm ／ 線色3：0.6mm ／ 線色5：0.25mm ／ 線色6：0.15mm
※ 寸法部は、引出線タイプ「＝」と「－」を使い分け、p.107と同じ設定で記入してください。作図目安の赤い寸法は記入不要です。

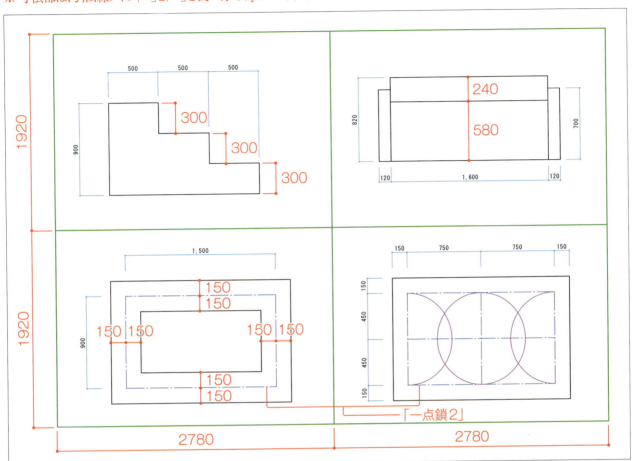

おぼえておこう

寸法図形

「寸法設定」ダイアログの「寸法線と値を【寸法図形】にする…」（⇨p.107）にチェックを付けて作図した寸法を、「寸法図形」と呼びます。寸法図形は、右の性質を持っています。

● 寸法線と寸法値は1セットである

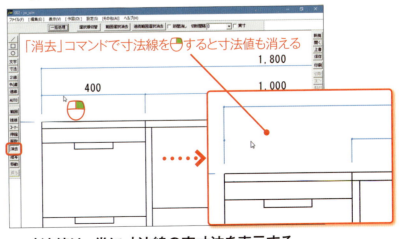

● 寸法値は、常に寸法線の実寸法を表示する

寸法線を縮める（または伸ばす）と、その寸法値も縮めた（または伸ばした）寸法線の長さに変更される（⇨ p.189）。

ヒント

「縮尺変更」

用紙サイズや縮尺の設定は、p.36と同じ手順でいつでも行えます。S＝1/10で作図した図面「002」をS＝1/20に変更する例を紹介します。縮尺変更後、図面は保存せずに、Jw_cadを終了してください。

おぼえておこう

縮尺は用紙の中心を原点とし、既存図面の実寸値を保って変更されます。S＝1/10の図面をS＝1/20に変更すると、図面の実寸値は変更されずに、A4用紙に対する図面の大きさが右図のように1/2に変化します。

通常、図寸で管理されている文字要素の大きさは変化しません。ここでは、図面の大きさ変更に伴い文字要素の大きさも変わるように**3**のチェックを付けました。

縮尺変更などの設定変更操作は、「戻る」コマンドで元に戻せません。変更前に戻すには、再度、縮尺変更操作を行い、変更前のS＝1/10に変更します。

1 » 「縮尺」ボタンを🖱。

2 » 「縮尺・読取　設定」ダイアログの「縮尺」の「分母」ボックスにキーボードから「20」を入力する。

3 » 「文字サイズ変更」にチェックを付ける。

4 » 「OK」ボタンを🖱。

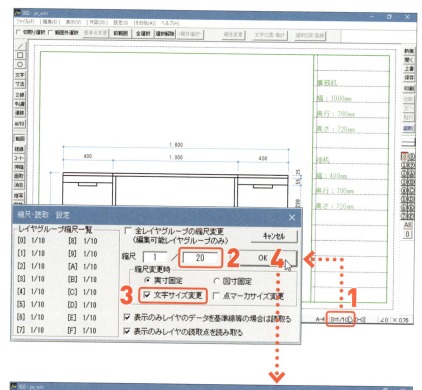

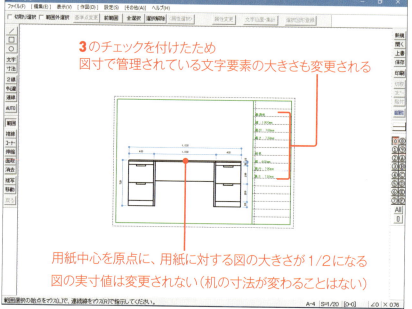

3のチェックを付けたため
図寸で管理されている文字要素の大きさも変更される

用紙中心を原点に、用紙に対する図の大きさが1/2になる
図の実寸値は変更されない（机の寸法が変わることはない）

5章 間取図を作図しよう

「4章 机の正面図を作図しよう」で作図した図面「002」の図面枠を利用して、その枠内に下図の間取図を縮尺1/100で作図しましょう。

▼ 完成図

※ 点線の910mm間隔のグリッドは目安です。実際には作図しません。

間取図のおおまかな作図手順

1820mm間隔の目盛を表示し、各部屋の範囲として矩形を補助線で作図

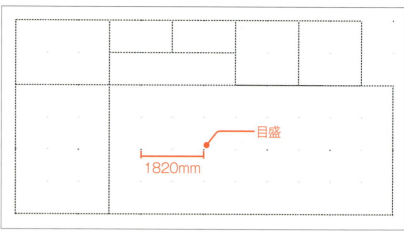

部屋名を記入し、各部屋の開口部の線を部分消し

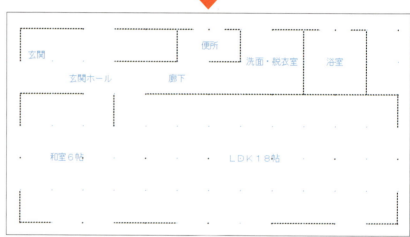

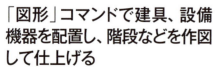

「複線」コマンドで、補助線の両側に60mm振分けで壁を一括作図

「図形」コマンドで建具、設備機器を配置し、階段などを作図して仕上げる

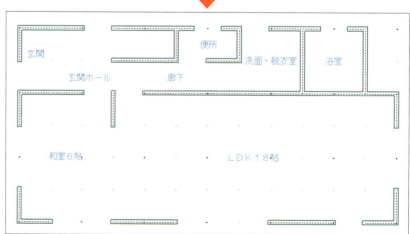

図面「002」を開こう

4章で保存した図面「002」を開きましょう。

📖 **おぼえておこう**

メニューバー[ファイル]-「開く」を選択する代わりに、ツールバーの「開く」コマンドを🖱することでも図面ファイルを開けます。

1 » 「開く」コマンドを選択する。

2 » 「ファイル選択」ダイアログで、「jww8F」フォルダー内の図面「002」を🖱🖱し、開く。

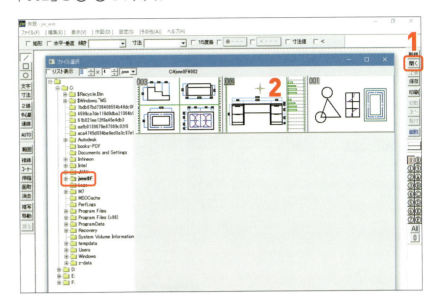

図面枠以外を消去しよう

開いた図面の図面枠を残し、図と文字をまとめて消去しましょう。

📖 **おぼえておこう**

「消去」コマンドの「範囲選択消去」では、消去対象を範囲選択することで、複数の要素をまとめて消去します。選択範囲枠内の線・円・弧・実点要素に加えて文字要素も選択するには、終点を🖱します。終点を🖱した場合は、選択範囲枠内の文字要素は選択されません。

1 » 「消去」コマンドを選択する。

2 » コントロールバー「範囲選択消去」ボタンを🖱。

3 » 選択範囲の始点として、下図の位置で🖱。

4 » 選択範囲枠で消去対象の図と文字を下図のように囲み、終点を🖱（文字を含む）。

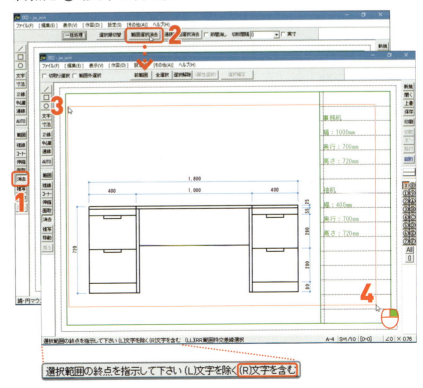

おぼえておこう

選択範囲枠に全体が入る線・円・弧・実点・文字要素が消去対象として選択され、選択色になります。選択範囲枠からはみ出す図面枠や罫線は選択されません。

❓ 文字が選択色にならない
⇨ p.200 Q28

5 » 消去したい図と文字が選択色になっていることを確認し、コントロールバー「選択確定」ボタンを🖱。

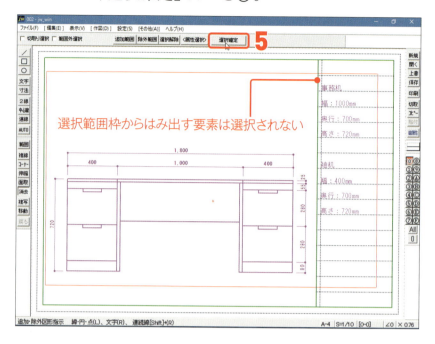

選択範囲枠からはみ出す要素は選択されない

ヒント

追加選択
除外選択

選択確定（上記**5**の操作）前に、選択されていない要素を対象に追加することや、選択されている要素を対象から除外することができます。

▼ 追加選択

選択されていない線・円・弧・実点要素を🖱、文字要素は🖱することで、選択色になり対象に追加されます。

▼ 除外選択

選択されている線・円・弧・実点要素を🖱、文字要素は🖱することで、元の色に戻り対象から除外されます。

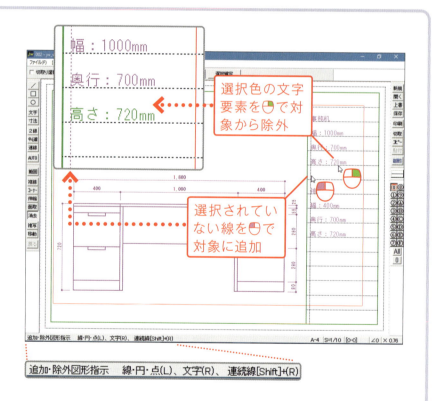

選択色の文字要素を🖱で対象から除外

選択されていない線を🖱で対象に追加

追加・除外図形指示　線・円・点(L)、文字(R)、連続線[Shift]+(R)

図面枠の大きさを変えずに縮尺を変更しよう

現在作図されている図面枠の用紙に対する大きさを変えずに縮尺を1/100に変更しましょう。

おぼえておこう

「縮尺変更時」欄の「図寸固定」を選択することで、既存図面（図面枠）の用紙に対する大きさ・長さ（図寸）を保ったまま、縮尺のみ変更できます。

➡「実寸固定」を選択した場合 ⇨ p.120

1 » ステータスバーの「縮尺」ボタンを🖱。

2 » 「縮尺・読取 設定」ダイアログの「図寸固定」を🖱し、選択する。

3 » 縮尺の分母ボックスを🖱し、「100」に変更する。

4 » 「OK」ボタンを🖱。

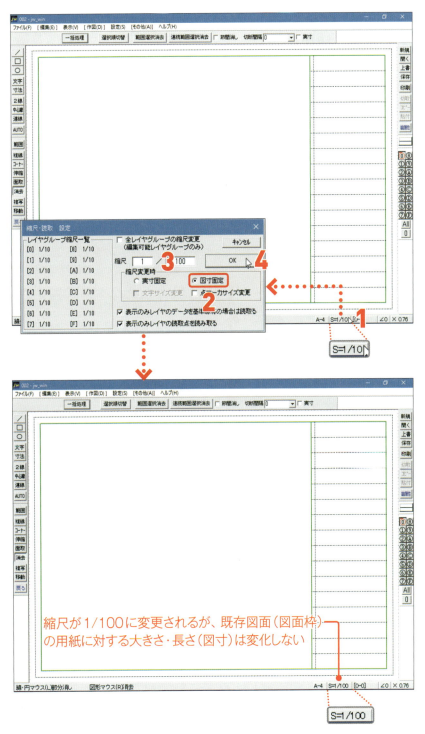

縮尺が1/100に変更されるが、既存図面（図面枠）の用紙に対する大きさ・長さ（図寸）は変化しない

印刷線幅を設定しよう

線色1（水色）を0.08mm、線色2（黒）を0.13mm、線色3（緑）を0.6mm、線色6（青）を0.18mm、線色7（深緑）を0.23mmに設定しましょう。

📁 印刷線幅の設定 ⇨ p.76

1 » メニューバー［設定］−「基本設定」を選択し、「色・画面」タブを🖱️。

2 » 「実点を指定半径（mm）でプリンタ出力」と「線幅を1/100mm単位とする」にチェックを付け、「線色1」「線色2」「線色3」「線色6」「線色7」の「線幅」ボックスの数値を「8」「13」「60」「18」「23」にし、「OK」ボタンを🖱️。

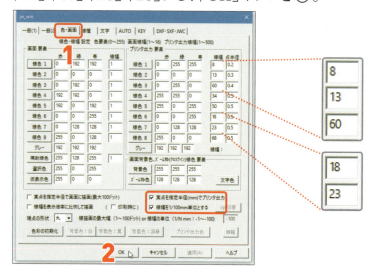

別の図面として保存しよう

机の正面図「002」をそのまま残すため、この図面は別の図面「004」として保存しましょう。

1 » 「保存」コマンドを選択する。

2 » 「ファイル選択」ダイアログの保存先が「jww8F」フォルダーであることを確認し、「新規」ボタンを🖱️。

3 » 「新規作成」ダイアログの「名前」ボックスに新しい図面名「004」を入力し、「OK」ボタンを🖱️。

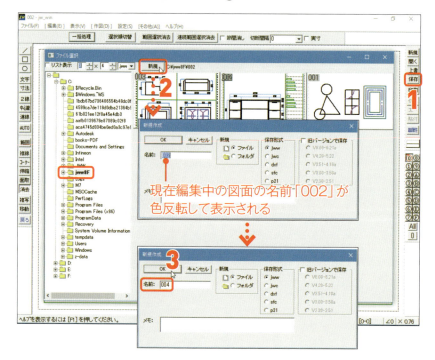

1820mm間隔の目盛を表示しよう

1820mm間隔の目盛（ドット）を作図ウィンドウに表示しましょう。

1 » ステータスバーの「軸角」ボタンを🖱。

2 » 「軸角・目盛・オフセット　設定」ダイアログの「実寸」を🖱し、チェックを付ける。

3 » 「目盛間隔」ボックスを🖱し、「1820」を入力する。

4 » 「1/2」を🖱。

おぼえておこう

目盛を設定することで、🖱で読み取りできて印刷はされない点が、指定間隔で作図ウィンドウに表示されます。これを「目盛」と呼びます。目盛の間隔は標準では文字サイズと同じ図寸で指定しますが、ダイアログの「実寸」にチェックを付けることで実寸指定になります。

4でダイアログの「1/1」を🖱すると「目盛間隔」ボックスで指定の1820mm間隔の目盛が、「1/2」を🖱すると1820mm間隔の目盛に加え1820mmを2分割する目盛（小さい水色の点）が表示されます。ここでは、1820mmの目盛（黒い点）を「1目盛」、その半分の目盛（水色の点）を「1/2目盛」と呼びます。

❓ 目盛が表示されない
⇨ p.200 Q29

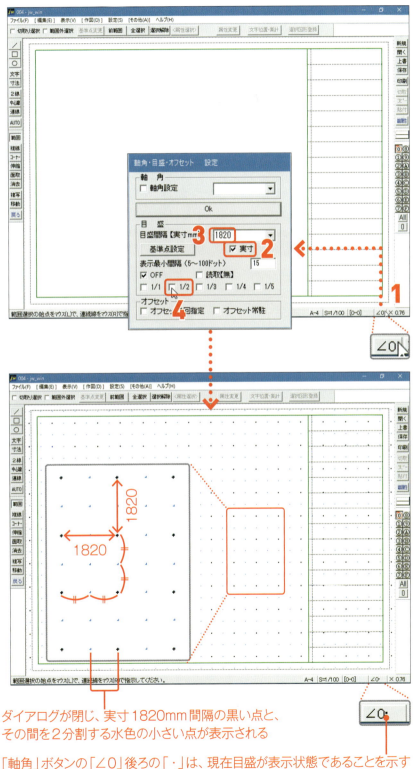

ダイアログが閉じ、実寸1820mm間隔の黒い点と、その間を2分割する水色の小さい点が表示される

「軸角」ボタンの「∠0」後ろの「・」は、現在目盛が表示状態であることを示す

部屋の外形を補助線で作図しよう

はじめに、和室6帖の範囲として横1.5目盛（2730mm）、縦2目盛（3640mm）の矩形を作図しましょう。

📖 おぼえておこう

「□」コマンドのコントロールバー「寸法」ボックスを無指定（または空白）にすると、対角2点を指示して矩形を作図できます。

1 » 書込線を「線色2・補助線種」にする。

2 » 「□」コマンドを選択する。

3 » コントロールバー「寸法」ボックスの▼を🖱し、履歴リストの「（無指定）」を🖱で選択する。

4 » 矩形の始点として、下図の黒い目盛を🖱。

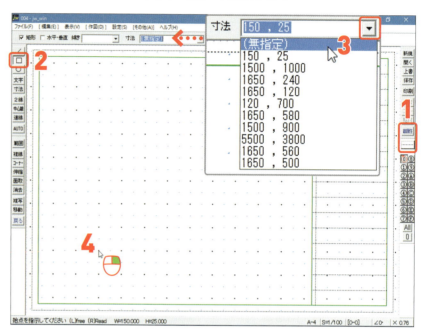

5 » 矩形の終点として、**4**の点から右に1.5目盛、上に2目盛の位置にある水色の1/2目盛を🖱。

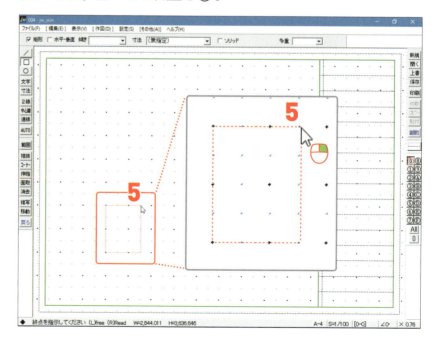

作図した和室の上側に、玄関と玄関ホールの範囲を示す矩形を作図しましょう。

6 » 矩形の始点として、和室の左上角を🖱。

7 » 矩形の終点として、**6**の点から右に1.5目盛、上に1目盛の位置にある1/2目盛を🖱。

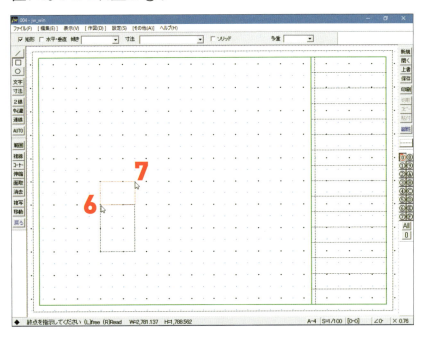

他の部屋の範囲を示す矩形も、p.121の完成図を参考に作図しましょう。

8 » 同様に、矩形の始点、終点となる目盛を🖱することで、他の部屋の範囲を示す矩形を下図のように作図する。

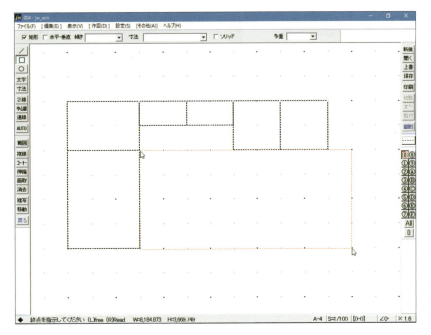

データ整理をしよう

「データ整理」コマンドで、重ねて作図された矩形の辺を1本にしましょう。

1 » メニューバー［編集］-「データ整理」を選択する。

2 » 選択範囲の始点を🖱。

3 » 表示される選択範囲枠で部屋の範囲を示すすべての矩形を囲み、終点を🖱。

4 » コントロールバー「選択確定」ボタンを🖱。

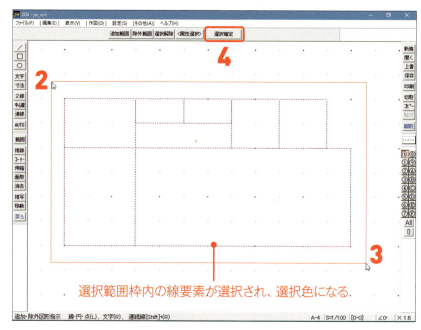

選択範囲枠内の線要素が選択され、選択色になる.

5 » コントロールバー「連結整理」ボタンを🖱。

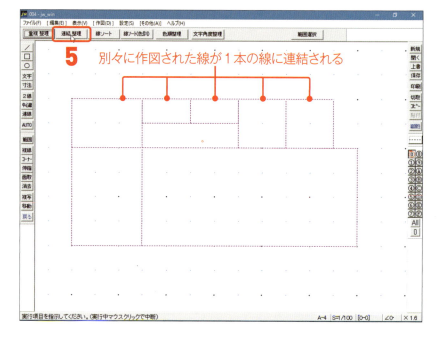

別々に作図された線が1本の線に連結される

おぼえておこう

「連結整理」は、重ねがきした線・円・弧・実点を1つにする機能（「重複整理」）に加え、切断された線・弧や同一点を端点とする同一線上の同じ種類（線色・線種）の線・弧を1本に連結する機能も持ちます。

部屋名を記入しよう

この段階で各矩形内に部屋名を文字種2の大きさで記入します。文字「和室6帖」を左下の矩形のほぼ中央に記入しましょう。

📘 文字の記入/書込文字種の変更 ⇒ p.104

おぼえておこう

仮表示の文字外形枠に対するマウスポインタの位置を、「文字の基点」と呼びます。文字の基点として、下図の9カ所のいずれかを指定できます。

残りの部屋名も記入しましょう。矩形の中心に目盛点がある「浴室」「洗面・脱衣室」は、目盛点を🖱することで正確に中心に記入できます。他の部屋名は、矩形のほぼ中央で🖱して記入しましょう。

1 » 「文字」コマンドを選択し、「文字入力」ボックスに「和室6帖」を入力する。

2 » コントロールバー「書込文字種」ボタンを🖱し、書込文字種を「文字種[2]」にする。

3 » コントロールバー「基点」ボタンを🖱。

4 » 「文字基点設定」ダイアログの「中中」を🖱。

5 » 文字の記入位置として、矩形のほぼ中央で🖱。

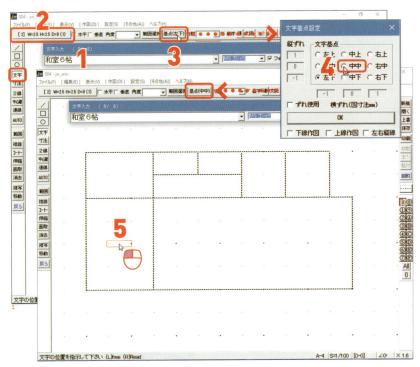

6 » 同様に、他の部屋名も下図のように記入する。

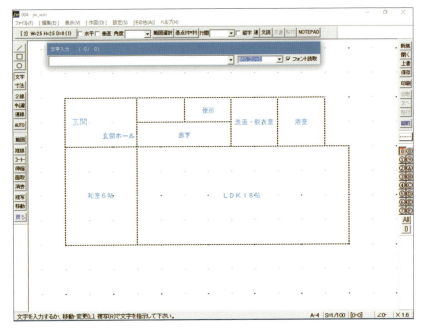

開口部の線を消そう

補助線を壁芯として壁を一括作図するため、入口や窓など、壁を作図しない部分の補助線を消しましょう。はじめに、玄関ホールと廊下・階段の間の補助線を消しましょう。

📎 線の部分消し ➡ p.42

1 » 「消去」コマンドを選択し、部分消しの対象線として、玄関ホール右辺を🖱。

2 » 部分消しの始点として、右辺の上端点を🖱。

3 » 部分消しの終点として、下図の交点を🖱。

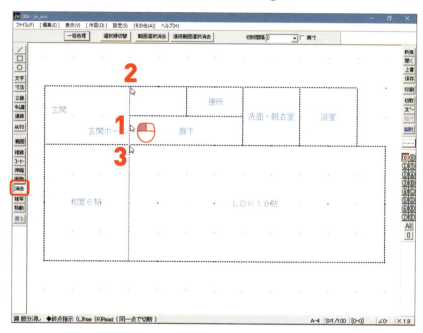

和室とLDK入口の補助線を消しましょう。

4 » 部分消しの対象線として、LDK上辺を🖱。

5 » 部分消しの始点として、下図の目盛を🖱。

6 » 部分消しの終点として、下図の目盛を🖱。

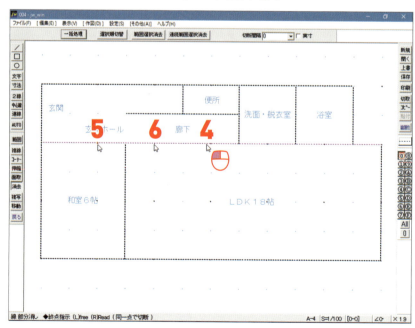

浴室の入口・窓と便所の窓以外の開口部の補助線を消しましょう。

💡 ヒント

浴室と便所の窓は次項で、浴室の入口はユニットバスを配置した後で、それぞれ開口をあけます。

7 » 同様（**4**〜**6**）にして、下図のように、開口部の補助線を目盛間で部分消しする。

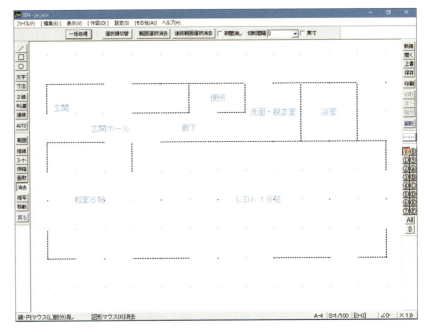

目盛を1/4にし残りの開口部の線を消そう

現時点の1/2の目盛表示（910mm間隔）では、浴室と便所の窓開口部の補助線を部分消しするための始点・終点指示ができません。1/4（455mm間隔）の目盛を表示しましょう。

📖 おぼえておこう

「軸角・目盛・オフセット 設定」ダイアログの「1/4」を🖱すると、「目盛間隔」ボックスで指定の間隔を4等分する目盛（水色の点）が作図ウィンドウに表示されます。

❓ 目盛が表示されない
⇨ p.200 Q29

1 » ステータスバーの「軸角」ボタンを🖱。

2 » 「軸角・目盛・オフセット 設定」ダイアログの「1/4」を🖱。

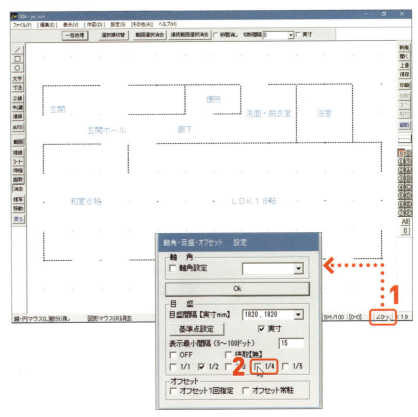

133

浴室の窓開口部の補助線を、部分消ししましょう。

3 ≫ 部分消しの対象線として、浴室の上辺を🖱。

4 ≫ 始点として、下図の1/4目盛を🖱。

5 ≫ 終点として、下図の1/4目盛を🖱。

📖 おぼえておこう

目盛の最小間隔に対して作図ウィンドウの表示倍率が小さい場合、目盛は表示されません。前ページの**2**で目盛の最小間隔を1/2（910mm）から1/4（455mm）に変更したため、用紙全体表示した時に目盛が表示されないことがありますが、拡大表示すれば目盛は表示されます。

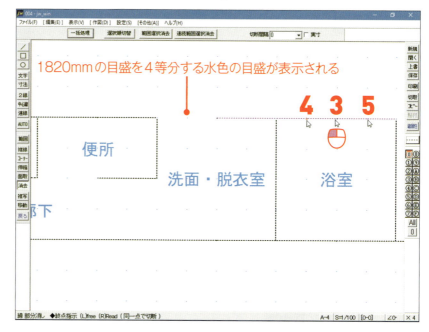

便所の窓開口部の補助線を、部分消ししましょう。

6 ≫ 部分消しの対象線として、便所の上辺を🖱。

7 ≫ 始点として、下図の1/4目盛を🖱。

8 ≫ 終点として、下図の1/4目盛を🖱。

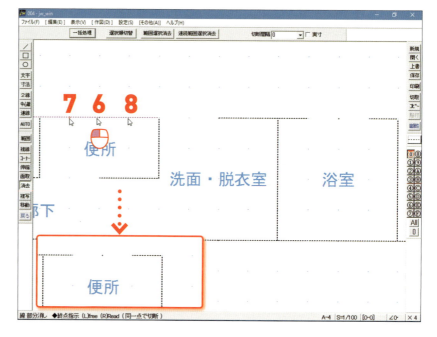

壁を一括作図しよう

ここまで作図した補助線は、部屋の壁芯に相当します。「複線」コマンドを使って、この壁芯の両側に60mm振り分けで壁（線色7・実線）を一括作図しましょう。

📖 おぼえておこう

「複線」コマンドの「範囲選択」ボタンを🖱️して複線の基準線を範囲選択することで、選択した複数の基準線に対する複線を一括作図できます。

1 》 書込線を「線色7・実線」にする。

2 》 「複線」コマンドを選択する。

3 》 コントロールバー「範囲選択」ボタンを🖱️。

4 》 選択範囲枠の始点として、図の左上で🖱️。

5 》 表示される選択範囲枠で壁芯となる補助線全体を囲み、終点を🖱️。

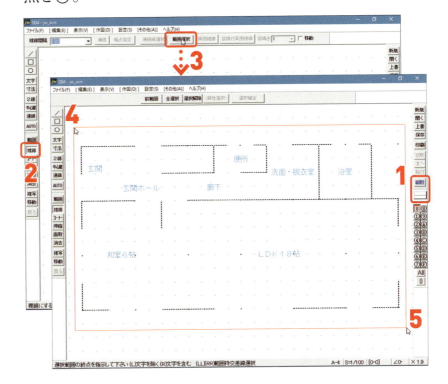

6 》 コントロールバー「選択確定」ボタンを🖱️。

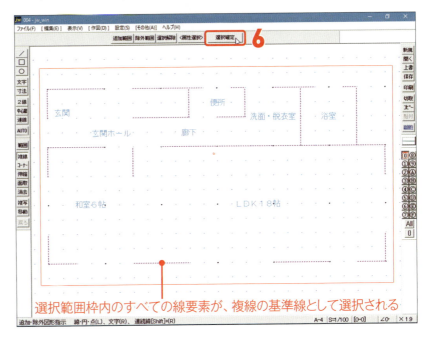

選択範囲枠内のすべての線要素が、複線の基準線として選択される

おぼえておこう

コントロールバーの「両側複線」「留線付両側複線」ボタンを🖱することで、基準線の両側に複線を一括作図します。**9**の操作の代わりに作図ウィンドウで作図方向を🖱した場合は、基準線の片側（🖱時に仮表示されている側）に複線が一括作図されます。

7 » コントロールバー「複線間隔」ボックスに「60」を入力する。

8 » コントロールバー「留線出」ボックスを🖱し、「60」を入力する。

9 » コントロールバー「留線付両側複線」ボタンを🖱。

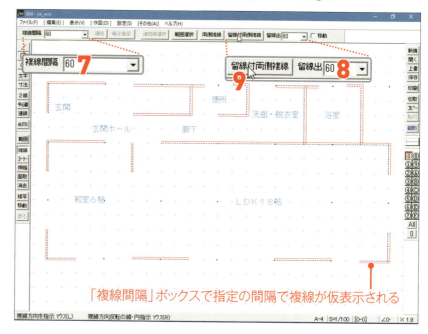

「複線間隔」ボックスで指定の間隔で複線が仮表示される

ここまでを上書き保存しましょう。

10 » 「上書」コマンドを🖱し、上書き保存する。

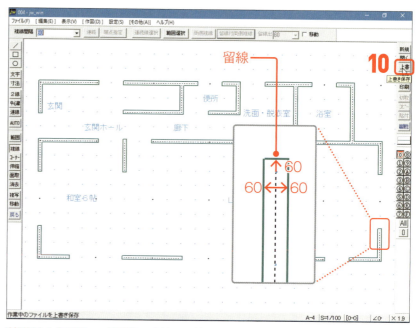

基準線から60mm両側に連続した複線が、基準線の端部から60mm外側に留線が、それぞれ作図される

浴室、便所などの窓を作図しよう

浴室、便所などの1/2目盛分（910mm）の窓は、「jww8F」フォルダー内の「《図形》間取図用」フォルダーに収録されている図形「引違790」を配置することで作図します。

おぼえておこう

建具やインテリアなど多くの図面で共通して利用する部品を「図形」として登録しておくことで、毎回同じものを作図しなくても、その都度、図面上に配置するだけで作図できます。

? 「jww8F」フォルダーがない ⇨ p.195 Q14

1 》 メニューバー[その他]-「図形」を選択する。

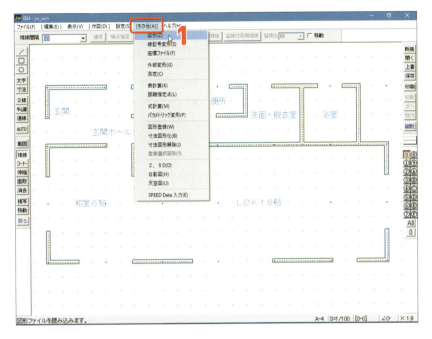

2 》 「ファイル選択」ダイアログのフォルダツリーで「jww8F」フォルダーを🖱🖱。

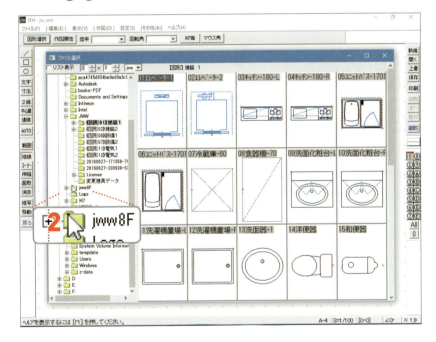

3 » 「jww8F」フォルダー下に表示される「《図形》間取図用」フォルダーを🖱で選択する。

4 » ファイルウィンドウに表示される図形一覧の「引違790」の枠内にマウスポインタを合わせ🖱🖱。

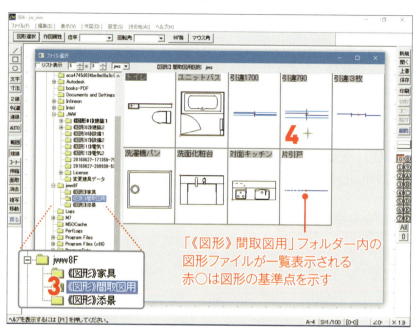

「《図形》間取図用」フォルダー内の図形ファイルが一覧表示される
赤○は図形の基準点を示す

> 読み込んだ図形「引違790」の基準点を、浴室の窓開口中心の目盛に合わせて配置しましょう。

5 » 図形の配置位置として、浴室の窓開口中心の目盛を🖱。

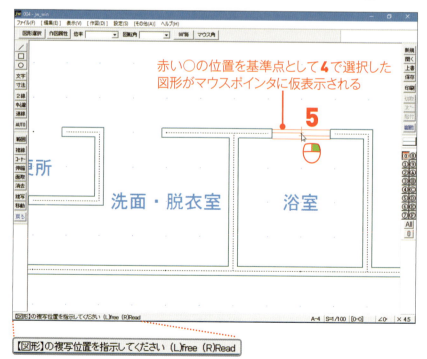

赤い○の位置を基準点として**4**で選択した図形がマウスポインタに仮表示される

【図形】の複写位置を指示してください (L)free (R)Read

同じ図形を、洗面・脱衣室の窓開口にも配置しましょう。

> 📖 **おぼえておこう**
>
> 他の図形を選択するか、他のコマンドを選択するまで、マウスポインタに同じ図形が仮表示され、配置位置をクリックすることで続けて同じ図形を作図できます。

6 » 次の配置位置として、洗面・脱衣室の窓開口中心の1/4目盛を🖱。

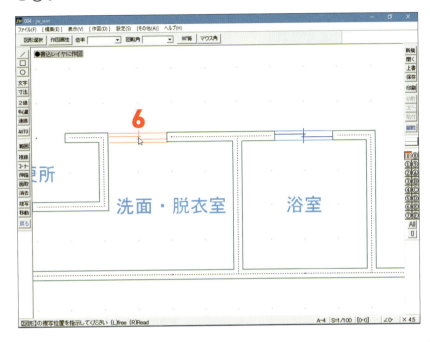

同じ図形を、便所、玄関ホール、LDKの窓開口にも配置しましょう。

7 » 次の配置位置として、便所の窓開口中心の目盛を🖱。

8 » 次の配置位置として、玄関ホールの窓開口中心の1/4目盛を🖱。

9 » 次の配置位置として、LDKの下図の窓開口中心の1/4目盛を🖱。

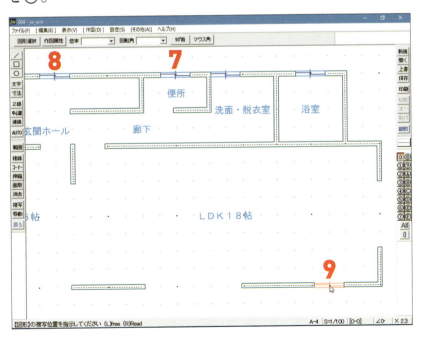

別の図形「引違1700」を配置しよう

和室の1目盛分（1820mm）の窓開口に、図形「引違1700」を配置しましょう。他の図形を配置するには、コントロールバー「図形選択」ボタンを🖱します。

1 » コントロールバー「図形選択」ボタンを🖱。

2 » 「ファイル選択」ダイアログで図形「引違1700」を🖱🖱して選択する。

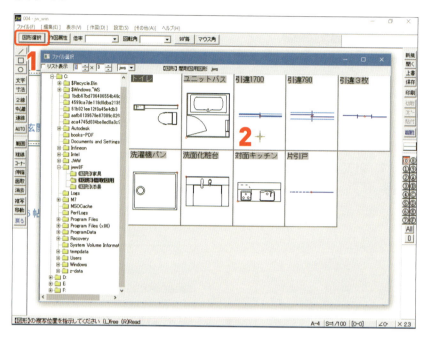

3 » 配置位置として、下図の和室の窓開口中心の目盛を🖱。

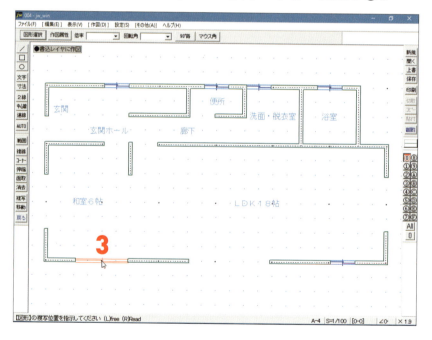

LDKの1.5目盛分（2730mm）の窓開口にも、同じ図形を配置しましょう。大きさは後で調整します。

4 » 次の配置位置として、下図のLDKの窓開口中心の1/4目盛を🖱。

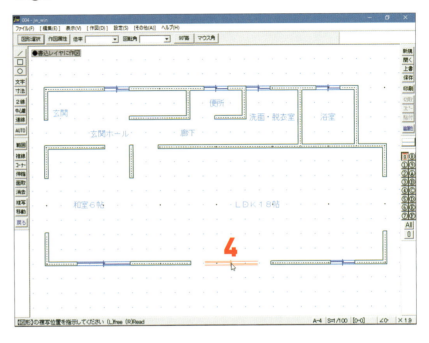

同じ図形を回転して配置しよう

和室左とLDK右の1目盛分（1820mm）の窓開口には、同じ図形「引違1700」を90度回転して配置しましょう。

1 » 図形「引違1700」がマウスポインタに仮表示されている状態で、コントロールバー「90°毎」ボタンを🖱し、「回転角」ボックスを「90」にする。

2 » 配置位置として、和室左の窓開口中心の目盛を🖱。

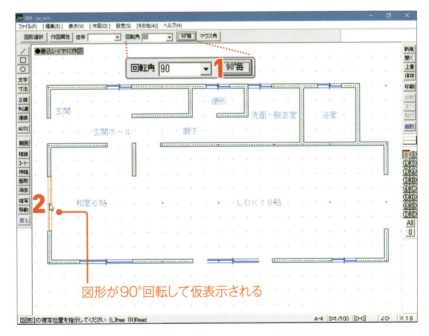

図形が90°回転して仮表示される

おぼえておこう

コントロールバー「90°毎」ボタンを🖱することで、90°⇒180°⇒270°⇒0°と90°ごとに図形の回転角度が切り替わります。「回転角」ボックスの角度は、図形の登録時（「ファイル選択」ダイアログでの姿図）を0°とした角度です。

3 » 次の配置位置として、LDK右の窓開口中心の目盛を🖱。

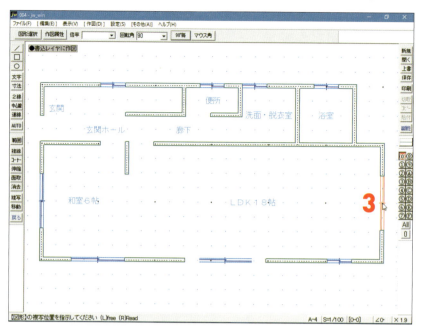

別の図形「片引戸」を配置しよう

和室の入口に、図形「片引戸」を配置しましょう。

1 » コントロールバー「図形選択」ボタンを🖱。

2 » 「ファイル選択」ダイアログで「片引戸」を🖱🖱して選択する。

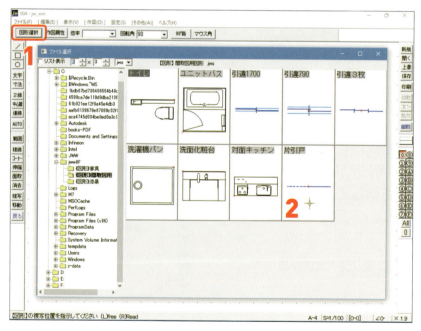

回転角度を0°にしましょう。

おぼえておこう

コントロールバー「90°毎」ボタンを🖱すると、🖱した場合とは逆回り（90°⇒0°⇒270°⇒180°）に図形の回転角度が切り替わります。**3**の操作の代わりに、「回転角」ボックスを「0」や「(無指定)」にしても結果は同じです。

3 » コントロールバー「90°毎」ボタンを🖱し、「回転角」を空白（無指定の0°）にする。

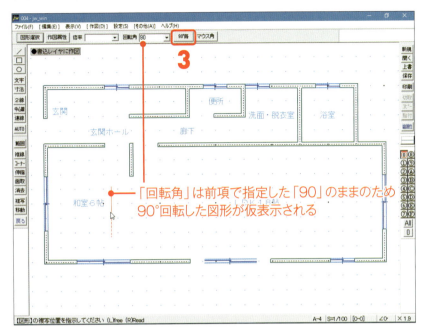

「回転角」は前項で指定した「90」のままのため90°回転した図形が仮表示される

おぼえておこう

目盛の点は、線の端点や交点よりも優先して読み取られます。そのため、線の端点近くで🖱したつもりが、その近くの目盛点が読み取られることがあります。ここでは、確実に壁の角を読み取れるよう、十分に拡大表示したうえで、**4**の🖱を行ってください。

4 » 配置位置として、和室入口の下図の角を🖱。

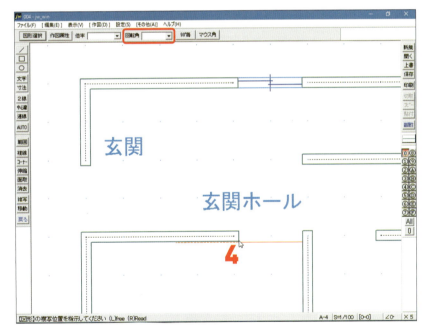

同じ図形を左右反転して配置しよう

LDKの入口に、同じ図形を左右反転して配置しましょう。

📖 **おぼえておこう**

コントロールバー「倍率」ボックスで「X（横）倍率, Y（縦）倍率」を指定することで、図形の大きさを変えて配置できます。「-1,1」を指定した場合、X、Yともに等倍のため大きさは変更されず、Xに-（マイナス）が付いているため左右（横）が反転されます。

洗面・脱衣室の入口に、左右反転した図形をさらに90°回転して配置しましょう。

1 » 図形「片引戸」がマウスポインタに仮表示されている状態で、コントロールバー「倍率」ボックスの▼を🖱し、履歴リストから「-1,1」を🖱で選択する。

2 » 配置位置として、LDK入口の下図の角を🖱。

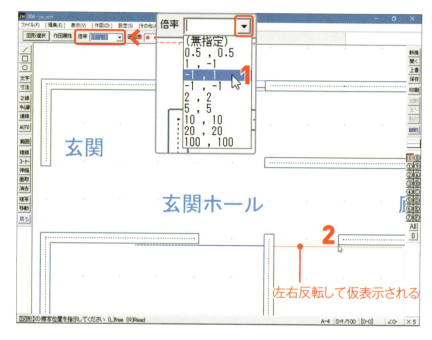

左右反転して仮表示される

3 » コントロールバー「90°毎」ボタンを🖱し、「回転角」ボックスの数値を「90」にする。

4 » 配置位置として、洗面・脱衣室入口の角を🖱。

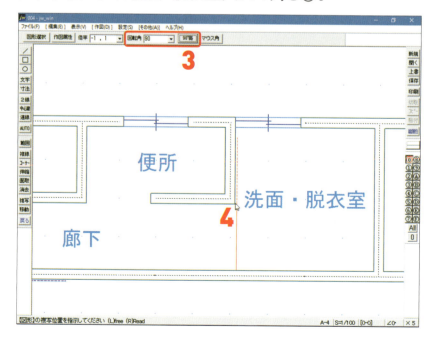

便所入口にも同じ図形を配置しましょう。

5 » コントロールバー「回転角」ボックスの数値を「180」にし、「倍率」ボックスの▼を🖱し、履歴リストから「(無指定)」を選択する。

6 » 配置位置として、便所入口の下図の角を🖱。

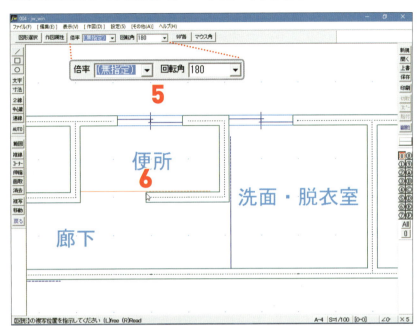

別の図形「引違3枚」を配置しよう

図形「引違3枚」を、和室とLDKの間の開口に配置しましょう。

1 » コントロールバー「図形選択」ボタンを🖱し、「ファイル選択」ダイアログで「引違3枚」を選択する。

2 » コントロールバー「回転角」ボックスの数値を「90」にする。

3 » 和室とLDK間の開口中心の1/4目盛を🖱。

4 » 「/」コマンドを選択し、「図形」コマンドを終了する。

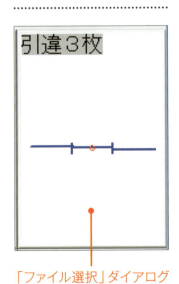

「ファイル選択」ダイアログで選択

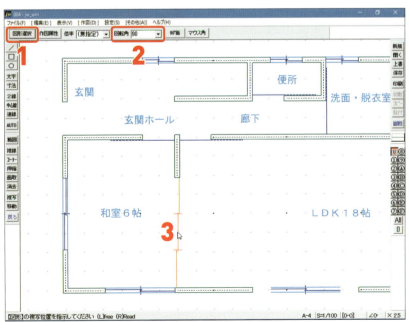

開口幅に合わせ引違窓を伸ばそう

LDKの1.5目盛分（2730mm）の窓開口に配置した引違窓の両端を、開口幅に合うように伸ばしましょう。

🔄 基準線までの伸縮
⇨ p.49

1 »　「伸縮」コマンドを選択する。

2 »　伸縮の基準線として、開口左の壁を🖱🖱（基準線指定）。

3 »　基準線まで伸ばす線として、引違窓の下図の3本の線を順次🖱。

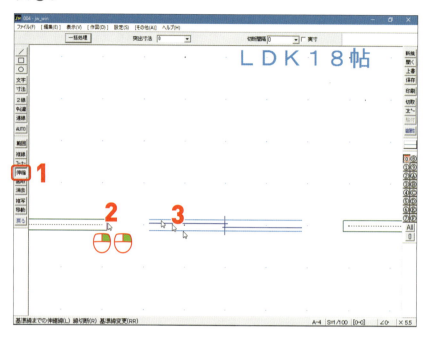

基準線を右の壁に変更し、引違窓の右側を伸ばしましょう。

4 »　基準線として、右の壁を🖱🖱（基準線変更）。

5 »　基準線まで伸ばす線（3本）を順次🖱。

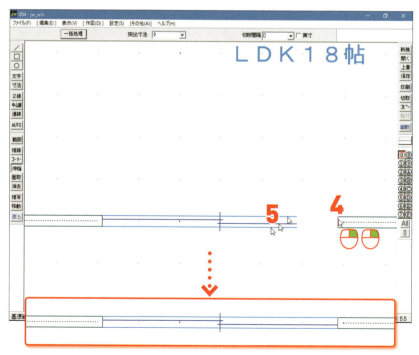

玄関の片開き戸を作図しよう

玄関の片開き戸は「図形」として用意されていないため、作図しましょう。

📘 円弧の作図 ➡ p.73

1 » 書込線を「線色6・実線」にする。

2 » 「／」コマンドを選択し、コントロールバー「水平・垂直」にチェックを付けて玄関の開口左下角から水平線を作図する。

3 » 「○」コマンドを選択し、コントロールバー「円弧」にチェックを付ける。

4 » 円弧の中心点として、開口左下角を🖱。

5 » 円弧の始点として、開口左上角を🖱。

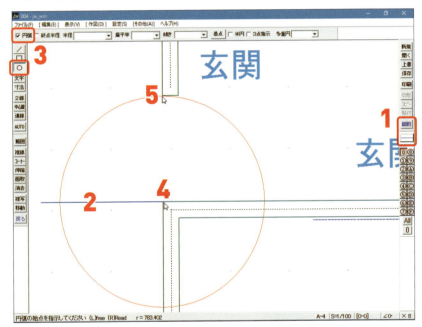

6 » 円弧の終点として、下図の位置で🖱。

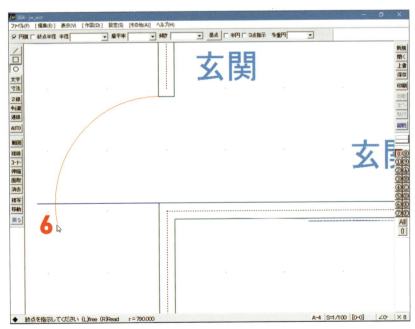

作図した水平線と円弧で角を作りましょう。「コーナー」コマンドでは、線と円弧の角を作ることもできます。

おぼえておこう

線どうしの角を作る場合と同様に、線と円弧の交点に対し、残す側で線、円弧を🖱してください。

❓ 水平線と円弧でうまく角が作れない ➡ p.201 Q30

7 » 「コーナー」コマンドを選択する。

8 » 線（A）として、円弧を🖱。

9 » 線【B】として、水平線を🖱。

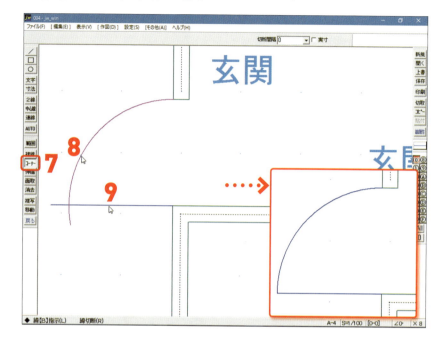

階段脇の壁を腰壁に修正しよう

階段回りの壁を、壁と腰壁に修正しましょう。

おぼえておこう

1の線と**2**の線は交差していませんが、**1**の線を延長すると**2**の線と交差する位置があります。その位置を、ここでは「仮想交点」と呼びます。交差していない2本の線の角を作る場合、2本の線の仮想交点に対し、線を残す側で🖱してください。

1 » 「コーナー」コマンドで、線（A）として、下図の壁を🖱。

2 » 線【B】として、下図の壁を、**1**の壁との仮想交点より右側で🖱。

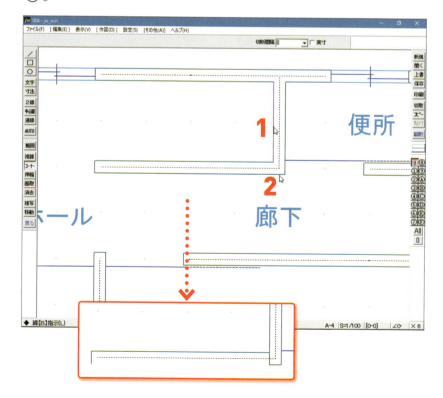

3 ≫ 書込線を「線色2・実線」にする。

4 ≫ 「／」コマンドを選択し、下図の2点を結ぶ線を作図する。

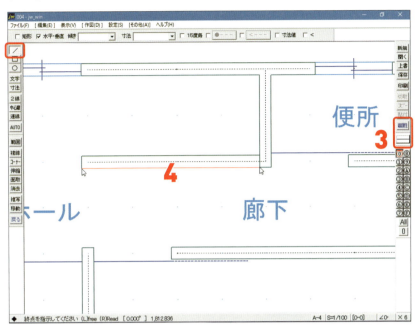

腰壁を線色2に変更しましょう。既存の線の線色・線種の変更は、「属性変更」コマンドで行います。

おぼえておこう

「属性変更」コマンドでは、🖱した線の線色と線種の両方を、書込線の線色・線種に変更します。

5 ≫ メニューバー[編集]-「属性変更」を選択する。

6 ≫ 書込線が「線色2・実線」で、コントロールバー「線種・文字種変更」にチェックが付いていることを確認する。

7 ≫ 変更対象線として、下図の線色7の壁線を🖱。

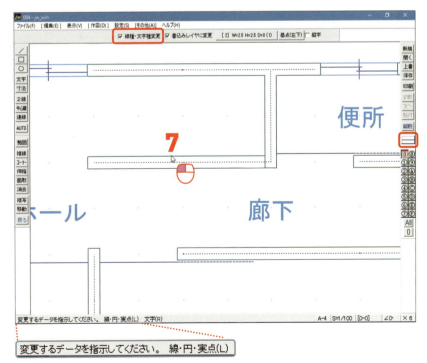

8 » 変更対象線として、下図の線色7の壁線を🖱。

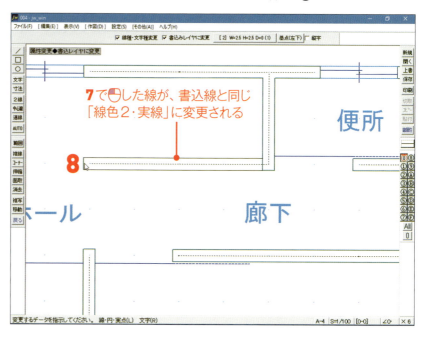

7で🖱した線が、書込線と同じ「線色2・実線」に変更される

階段を作図しよう

階段の1段目を作図しましょう。

1 » 「／」コマンドを選択し、コントロールバー「水平・垂直」にチェックが付いていることを確認して、始点として下図の壁芯（補助線）端点を🖱。

2 » 終点として、下図の壁の角を🖱。

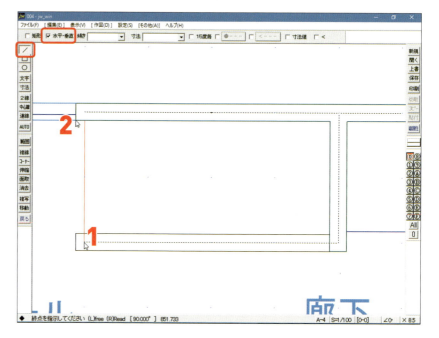

作図した線の下端点を、腰壁の線まで縮めましょう。

3 » 「伸縮」コマンドを選択し、伸縮対象線として、**2**で作図した線を🖱。

4 » 伸縮点として、腰壁の左上角を🖱。

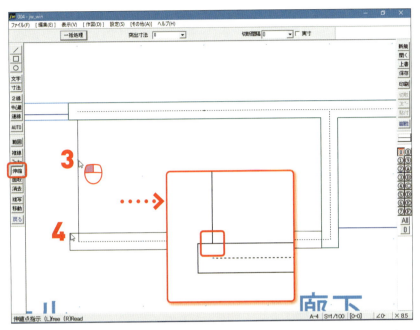

910mmを4分割した間隔で、階段を作図しましょう。

5 » 「複線」コマンドを選択し、コントロールバー「複線間隔」ボックスに「910/4」を入力する。

6 » 基準線として、1段目の階段線を🖱。

📖 おぼえておこう

「数値入力」ボックスに計算式を入力することで、その計算結果を指定できます。÷は「/」、×は「*」を入力します（いずれも半角）。

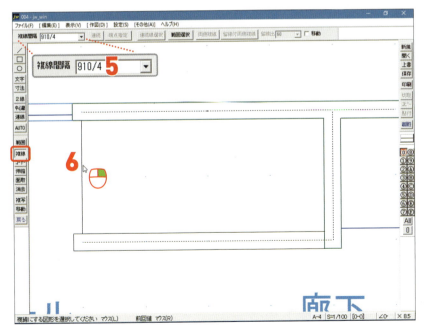

7 » 基準線の右側で作図方向を決める🖱。

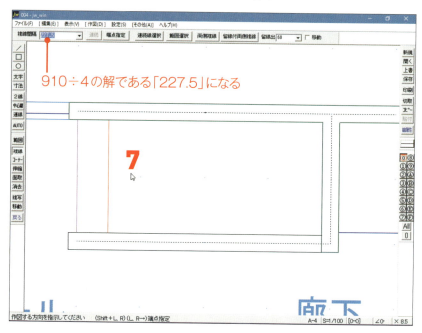

910÷4の解である「227.5」になる

同間隔（227.5mm）で、同方向（右）に、複線を作図しましょう。

↪ 「複線」連続 ⇨ p.86

8 » コントロールバー「連続」ボタンを6回🖱し、残りの階段を作図する。

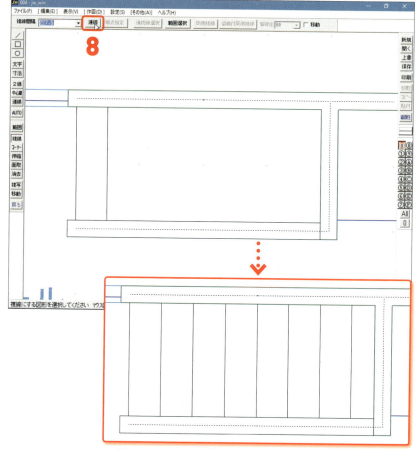

🖱した回数分、同間隔・同方向に複線が作図される

階段の昇り表示を作図しよう

階段の1段目の中点を始点として、終点に矢印が付いた水平線を作図しましょう。

おぼえておこう

「／」コマンドのコントロールバー「<ーーー」にチェックを付けることで、始点に矢印が付いた線を作図します。「<ーーー」ボタンを🖱すると、「ーーー>」（終点に矢印作図）⇒「<ーー>」（両点に矢印作図）に切り替わります。作図される矢印の角度と長さは、「寸法設定」ダイアログ（⇨ p.107）の「矢印角度」「矢印 長さ」ボックスの指定に準じます。

1 » 書込線を「線色1・実線」にする。

2 » 「／」コマンドを選択し、コントロールバー「水平・垂直」と「<ーーー」にチェックを付け、「<ーーー」ボタンを🖱。

3 » 始点として、1段目の階段線中心の目盛を🖱。

4 » 終点として、下図の位置で🖱。

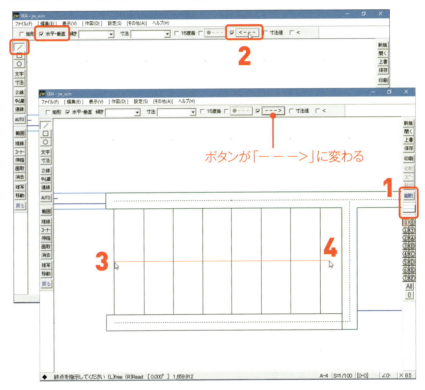

ボタンが「ーーー>」に変わる

5 » コントロールバー「ーーー>」のチェックを外す。

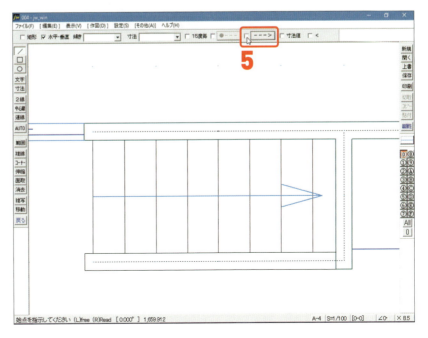

作図した水平線の始点に、半径10mmの円を作図しましょう。

6 » 「○」コマンドを選択し、コントロールバー「円弧」のチェックを外して、「半径」ボックスに「10」を入力する。

7 » 円の作図位置として、作図した水平線の左端点を🖱。

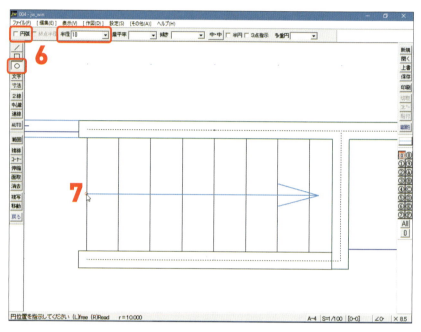

昇り表示の左端に、文字「UP」を文字種1で記入しましょう。昇り表示の左端に文字の末尾中央を合わせて記入するためには、文字の基点の調整が必要です。

8 » 「文字」コマンドを選択し、書込文字種を「文字種1」にする。

9 » 「文字入力」ボックスに「UP」を入力する。

10 » コントロールバー「基点」ボタンを🖱。

11 » 「文字基点設定」ダイアログの「右中」を🖱。

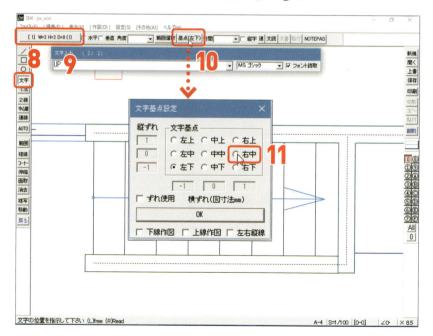

12 ≫ 記入位置として、下図の交点を🖱。

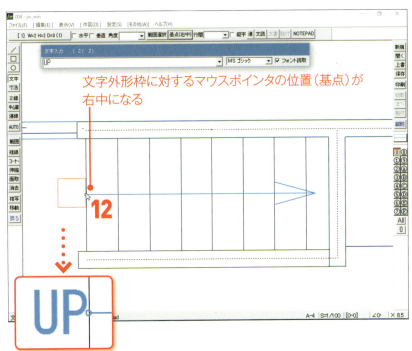

玄関周辺を作図しよう

玄関の収納を、線色1・実線で作図しましょう。

👉「複線」コマンド ➡ p.44

1 ≫ 「複線」コマンドを選択し、下図のように壁線から360mm下に複線を作図する。

2 ≫ 「／」コマンドを選択し、下図のように壁の角と**1**で作図した複線端点を結ぶ線を作図する。

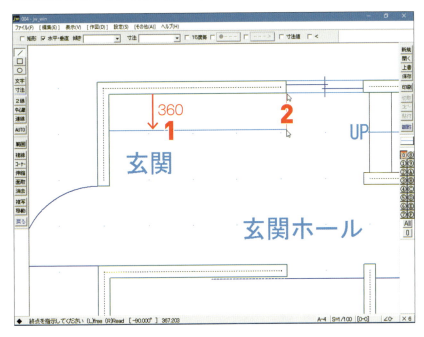

書込線を線色2・実線にして、「カマチ」を作図しましょう。

3 » 書込線を「線色2・実線」にし、「／」コマンドで、始点として、下図の1/4目盛を🖱。

4 » 終点として、下図の壁の角を🖱。

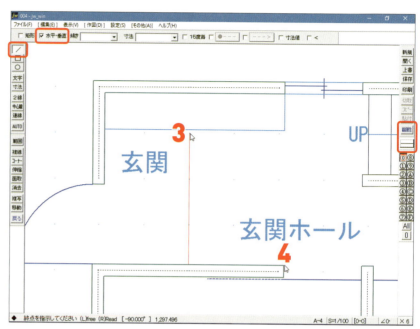

作図した「カマチ」を、収納の下辺まで伸ばしましょう。

5 » 「伸縮」コマンドを選択し、伸縮対象線として、「カマチ」を🖱。

6 » 伸縮点として、収納の右下角を🖱。

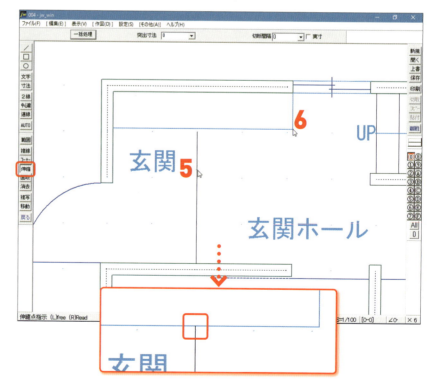

文字「収納」を、文字種1で記入しましょう。

7 » 「文字」コマンドを選択し、書込文字種が「文字種1」であることを確認して、「文字入力」ボックスに「収納」を入力する。

8 » 文字の記入位置として、収納のほぼ中央で🖱。

9 » 「／」コマンドを選択し、「文字」コマンドを終了する。

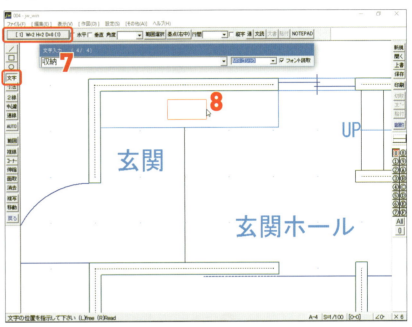

目盛を非表示にしよう

1 » ステータスバーの「軸角」ボタンを🖱。

2 » 「軸角・目盛・オフセット　設定」ダイアログの「OFF」を🖱。

この後は、目盛の点ではなく、既存線の端点・交点を🖱で読み取る操作が増えるため、目盛の点を非表示にしましょう。

おぼえておこう

「OFF」を🖱で、目盛が非表示になります。再度、「軸角・目盛・オフセット　設定」ダイアログの「1/1」～「1/5」を🖱することで、非表示にする前と同じ間隔で目盛が表示されます。

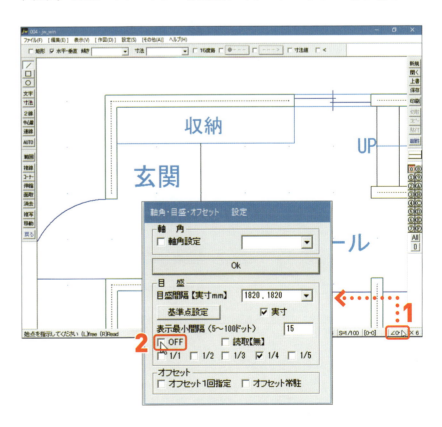

衛生設備機器図形を配置しよう

図形「ユニットバス」を浴室に配置しましょう。

1 » メニューバー[その他]-「図形」を選択する。

2 » 「ファイル選択」ダイアログで「《図形》間取図用」フォルダーの「ユニットバス」を🖱🖱して選択する。

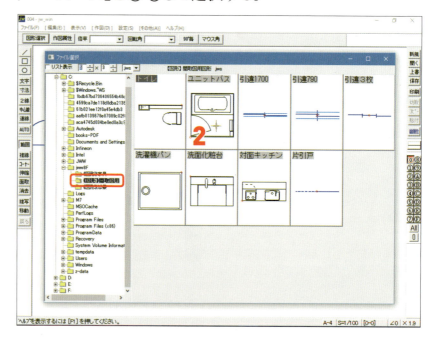

3 » 図形の配置位置として、浴室の左下角を🖱。

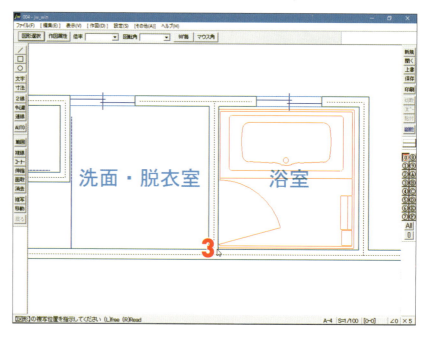

図形「洗面化粧台」を洗面・脱衣室に配置しましょう。

4 » コントロールバー「図形選択」ボタンを🖱し、「ファイル選択」ダイアログで「洗面化粧台」を選択する。

5 » 配置位置として、下図の壁の角を🖱。

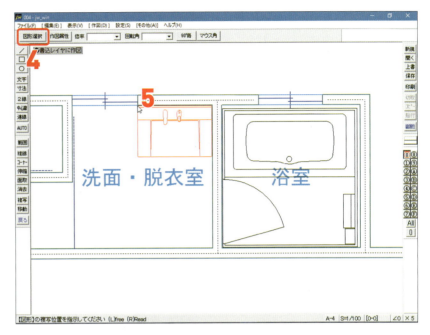

「ファイル選択」ダイアログで選択

図形「洗濯機パン」を洗面・脱衣室に配置しましょう。

6 » コントロールバー「図形選択」ボタンを🖱し、「洗濯機パン」を選択する。

7 » 洗面化粧台の左隣に🖱で配置する。

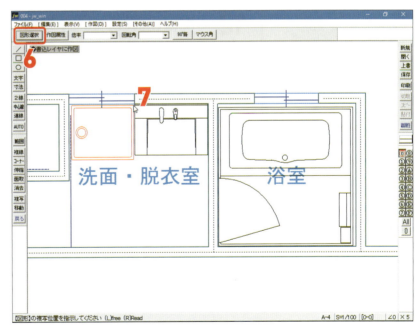

「ファイル選択」ダイアログで選択

図形「トイレ」を便所に配置しましょう。

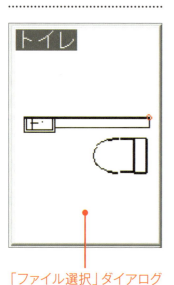

「ファイル選択」ダイアログで選択

8 » コントロールバー「図形選択」ボタンを🖱し、「トイレ」を選択する。

9 » 配置位置として、便所の右上角を🖱。

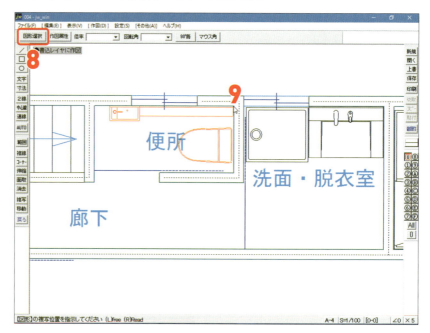

図形「対面キッチン」を、LDKに配置しましょう。

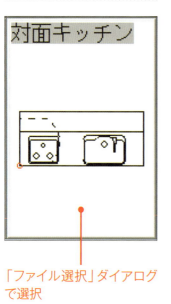

「ファイル選択」ダイアログで選択

10 » コントロールバー「図形選択」ボタンを🖱し、「対面キッチン」を選択する。

11 » コントロールバー「90°毎」ボタンを🖱し、90°回転する。

12 » 配置位置として、下図の壁の角を🖱。

13 » 「／」コマンドを選択し、「図形」コマンドを終了する。

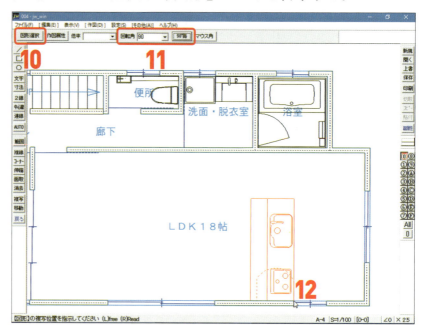

160　はじめて学ぶJw_cad8

浴室の開口を作図しよう

ユニットバスの入口の幅に合わせ、壁に浴室の入口を開けましょう。

1 » 書込線を「線色7・実線」にする。

2 »「／」コマンドでユニットバスの開口の端点から下図のように2本の水平線を作図する。

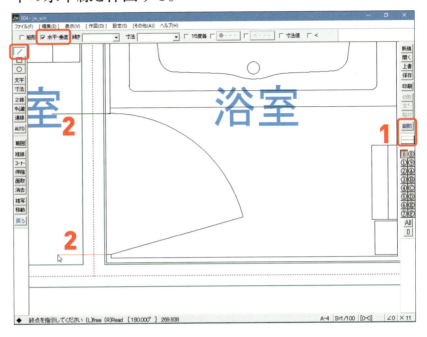

「コーナー」コマンドで開口両側の角を作りましょう。

3 »「コーナー」コマンドを選択する。

4 » 線（A）として、下図の壁線を交点より下側で🖱。

5 » 線【B】として、**2**で作図した下図の壁線を交点より右側で🖱。

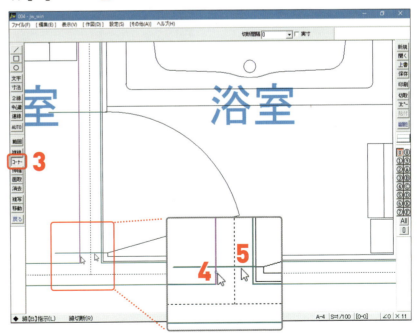

右図のように角が作られ、角から上の壁線が消えてしまいます。
上の壁線を残して角を作るよう、やり直すため、角を作る前に戻しましょう。

6 » 「戻る」コマンドを🖱。

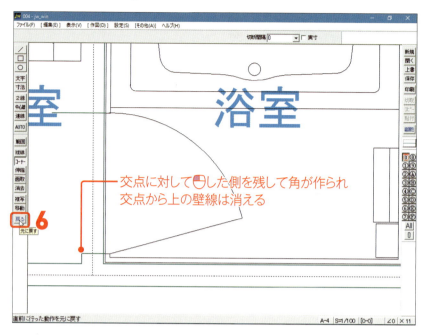

交点に対して🖱した側を残して角が作られ
交点から上の壁線は消える

開口上部の壁線を残して角を作るため、壁線をあらかじめ切断して2本に分けたうえで、角を作りましょう。

📖 おぼえておこう

「コーナー」コマンドで線を🖱すると、その位置で線を切断し、2本に分けます。🖱位置には、切断位置を示す赤い○が仮表示されます。

❓ 🖱した線が消える
➡ p.201 Q31

7 » 壁線を下図の位置で🖱（線切断）。

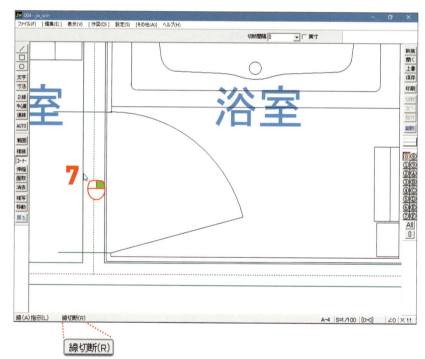

線切断(R)

8 » 線(A)として、切断した壁線を交点より下側で🖱。

9 » 線【B】として、下図の壁線を交点より右側で🖱。

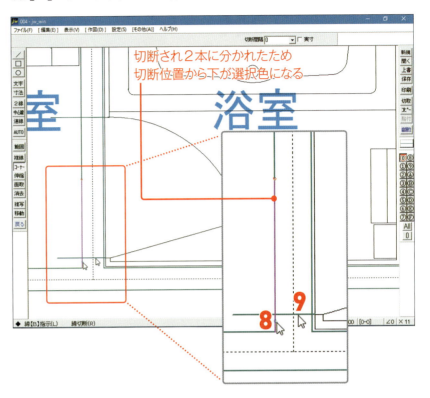

10 » 線(A)として、残った壁線を交点より上側で🖱。

11 » 線【B】として、下図の壁線を交点より右側で🖱。

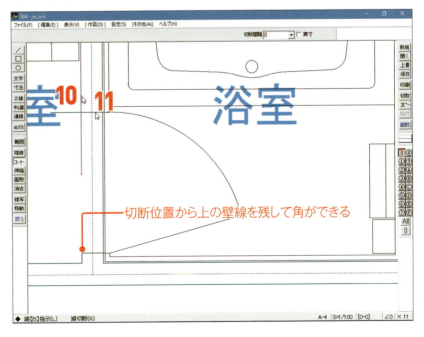

もう一方の壁線も切断して2本に分けたうえで、角を作りましょう。

? ブロック図形です と表示され角が作れない ⇨ p.202 Q32

12 » もう一方の壁線を下図の位置で🖱(切断)。

13 » 線（A）として、切断した壁線を🖱。

14 » 線【B】として、下図の壁線を🖱。

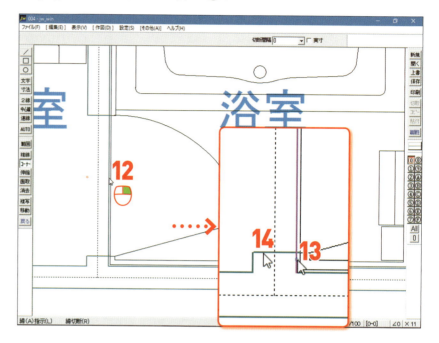

おぼえておこう

切断位置を示す赤い○は、他のコマンドを選択することで作図ウィンドウから消えます。

15 » 線（A）として、残った壁線を🖱。

16 » 線【B】として、下図の壁線を🖱。

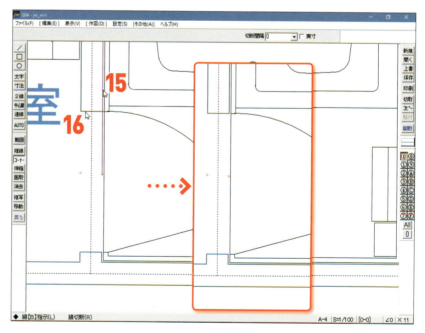

和室の畳を配置しよう

和室6帖の畳は、Jw_cadに標準で用意されている図形を配置しましょう。

1 » メニューバー[その他]-「図形」を選択し、「ファイル選択」ダイアログの「jww」フォルダーを🖱🖱。

2 » 「jww」フォルダー下に表示される「《図形02》建築2」フォルダーを🖱🖱。

3 » 「《図形02》建築2」フォルダー下にさらに表示される「《図形》木造平面(909)」フォルダーを🖱で選択する。

4 » 図形「53和_060」を🖱🖱で選択する。

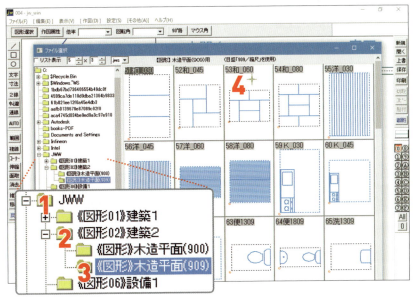

5 » コントロールバー「回転角」を「90」にする。

6 » 配置位置として、下図の壁芯(補助線)の端点を🖱。

7 » 「／」コマンドを選択し、「図形」コマンドを終了する。

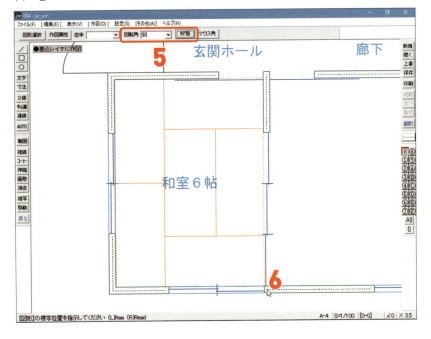

部屋名の位置を調整しよう

ユニットバスに重なる部屋名「浴室」を移動しましょう。

おぼえておこう

「文字」コマンドで、「文字入力」ボックスに文字を入力せずに既存の文字を🖱️することで、その文字を移動することや書き替える（変更する）ことができます。

5章 間取図を作図しよう

1 »» 「文字」コマンドを選択する。

2 »» 移動する文字「浴室」を🖱️。

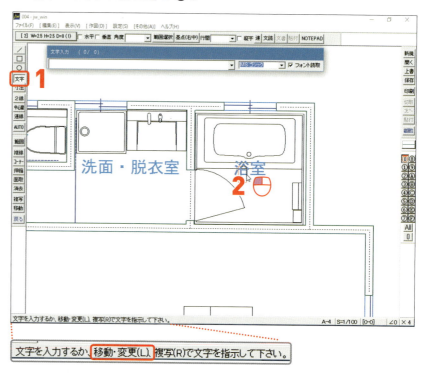

3 »» 移動先として、ユニットバスの線と重ならない位置で🖱️。

4 »» 移動を必要とする部屋名が他にもある場合は、同様（**2**～**3**）にして移動する。

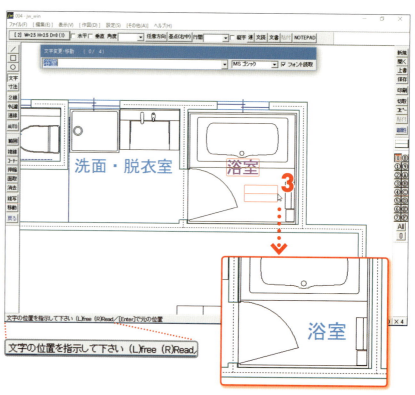

補助線だけをまとめて消去しよう

間取図内のすべての補助線をまとめて消去しましょう。「消去」コマンドの「範囲選択消去」で、間取図全体を範囲選択した後、その中の補助線だけを選択して消すことができます。

📖 おぼえておこう

属性選択のダイアログで条件を指定することで、選択色で表示されている要素の中から、指定条件に合った要素のみを選択します。

❓ 補助線以外の要素が選択色になる ➡ p.202 Q33

1 » 「消去」コマンドを選択し、コントロールバー「範囲選択消去」ボタンを🖱。

2 » 選択範囲の始点として、間取図の左上で🖱。

3 » 選択範囲枠で間取図全体を囲み、終点を🖱。

4 » コントロールバー「＜属性選択＞」ボタンを🖱。

5 » 属性選択のダイアログの「補助線指定」を🖱してチェックを付け、「OK」ボタンを🖱。

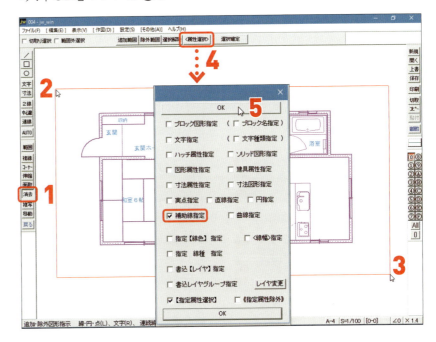

6 » コントロールバー「選択確定」ボタンを🖱。

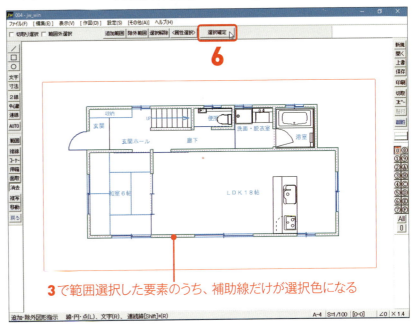

3で範囲選択した要素のうち、補助線だけが選択色になる

167

壁をグレーで塗りつぶそう

壁をグレーで塗りつぶしましょう。

おぼえておこう

Jw_cadでは塗りつぶした部分を「ソリッド」と呼びます。コントロールバー「ソリッド図形」にチェックを付けることで塗りつぶし機能になり、「任意色」にチェックを付けると塗りつぶし色を任意に指定できます。チェックを付けない場合は、書込線色で塗りつぶします。

1 » メニューバー[作図]-「多角形」を選択する。

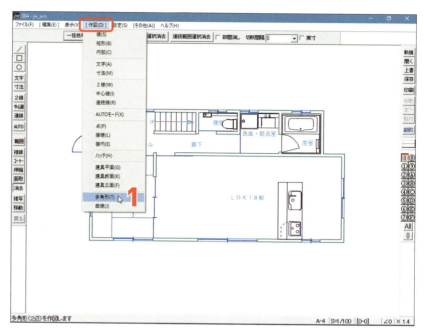

2 » コントロールバー「任意」ボタンを🖱。

3 » コントロールバー「ソリッド図形」「任意色」にチェックを付ける。

4 » 「任意□」ボタンを🖱。

5 » 「色の設定」パレットの「グレー」を🖱で選択し、「OK」ボタンを🖱。

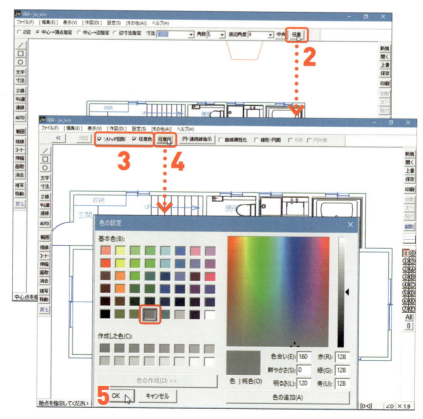

> **おぼえておこう**
>
> 点を指示して点に囲まれた範囲を塗りつぶす方法と、閉じた連続線を指示してその内部を塗りつぶす方法があり、コントロールバー「円・連続線指示」ボタンで切り替えます。

6 ≫ コントロールバー「曲線属性化」にチェックを付ける。

7 ≫ コントロールバー「円・連続線指示」ボタンを🖱。

8 ≫ 塗りつぶし対象の外形線として、下図の壁線を🖱。

「円・連続線指示」ボタンを🖱すると、塗りつぶし方法が切り替わり、操作メッセージも変わる

9 ≫ 次の塗りつぶし対象の外形線として、下図の壁線を🖱。

8で🖱した外形線内部が塗りつぶされる

❓ 外形線を🖱すると、「計算できません」または「4線以上の場合、線が交差した図形は作図できません」と表示され、塗りつぶせない ➡ p.203 Q34

10 » 同様に他の壁線も🖱し、下図のようにすべての壁を塗りつぶす。

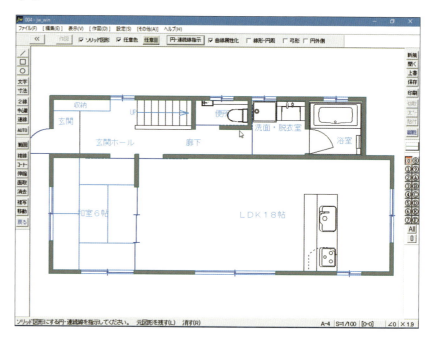

5章 間取図を作図しよう

浴室を塗りつぶそう

続けて、浴室を水色で塗りつぶしましょう。

📖 **おぼえておこう**

塗りつぶす範囲が閉じた連続線で囲まれていないため、**3**の操作で、塗りつぶし範囲を「閉じた連続線の内部」⇒「指示した点に囲まれた内部」に切り替えます。

1 » コントロールバー「任意□」ボタンを🖱。

2 » 「色の設定」パレットの「水色」を🖱で選択し、「OK」ボタンを🖱。

3 » コントロールバー「円・連続線指示」ボタンを🖱。

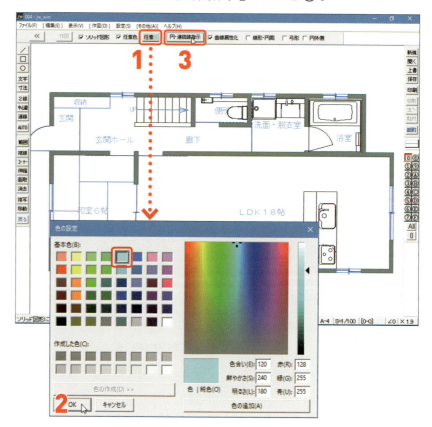

170　はじめて学ぶJw_cad 8

4 » 塗りつぶし範囲の始点として、浴室右上角を🖱。

5 » 中間点として、浴室左上角を🖱。

6 » 終点として、浴室入口開口右上角を🖱。

7 » 終点として、**6**の左隣の角を🖱。

8 » 終点として、浴室開口左下角を🖱。

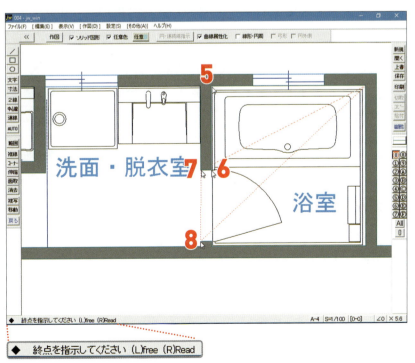

? 塗りつぶした範囲の線や文字がソリッドに隠れてしまう
⇨ p.203 Q35

9 » 終点として、**8**の右隣の角を🖱。

10 » 終点として、次の角を🖱。

11 » 終点として、次の角を🖱。

12 » コントロールバー「作図」ボタンを🖱。

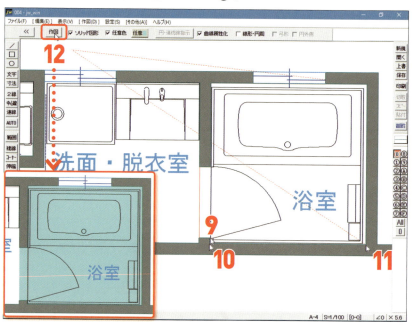

洗面・脱衣室を塗りつぶそう

1 » 「□」コマンドを選択し、コントロールバー「ソリッド」を🖱して、チェックを付ける。

2 » コントロールバー「寸法」ボックスを空白（無指定）にして、始点として洗面・脱衣室の左上角を🖱。

3 » 終点として、右下角を🖱。

同じ色で洗面・脱衣室を塗りつぶしましょう。塗りつぶす範囲が矩形の場合は「□」コマンドで対角を指示することで塗りつぶせます。

おぼえておこう

「□」コマンドのコントロールバー「ソリッド」にチェックを付けることで、ソリッド要素の矩形を作図します。コントロールバーの「任意色」のチェックとソリッド色は、「ソリッド」コマンドでの指定と連動します。

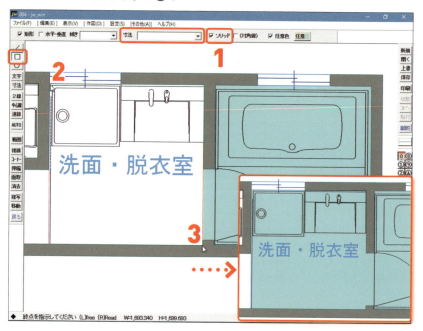

172　はじめて学ぶJw_cad 8

5章　間取図を作図しよう

間取図を枠の中央に移動しよう

「移動」コマンドを選択し、移動対象を範囲選択しましょう。

📖 おぼえておこう

選択範囲枠内の文字要素も選択するには、終点を🖱します。終点を🖱すると、選択範囲枠内の文字要素は選択されません。

1 » 「移動」コマンドを選択する。
2 » 選択範囲の始点として、移動対象の間取図の左上で🖱。
3 » 表示される選択範囲枠で間取図全体を囲み、終点を🖱（文字を含む）。

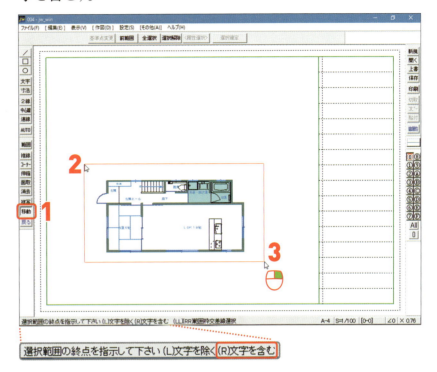

4 » コントロールバー「選択確定」ボタンを🖱。

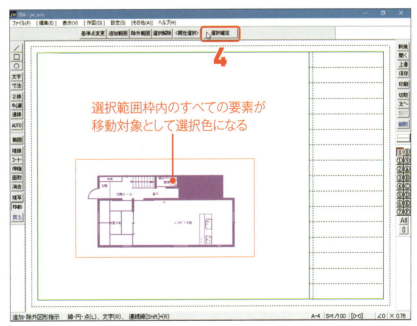

選択範囲枠内のすべての要素が移動対象として選択色になる

❓ 文字が選択色にならない
⇨ p.200 Q28

移動先を指示しましょう。

5 » マウスポインタを移動し、図面枠のほぼ中央に移動要素を仮表示した状態で、移動先を🖱。

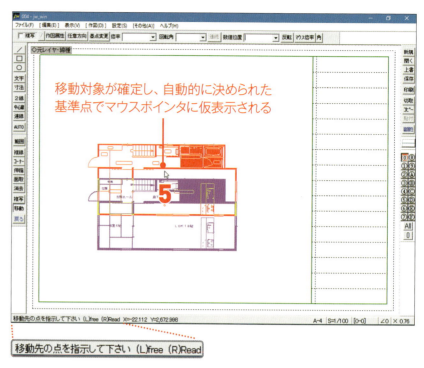

移動対象が確定し、自動的に決められた基準点でマウスポインタに仮表示される

移動先の点を指示して下さい (L)free (R)Read

6 » 「／」コマンドを選択し、「移動」コマンドを終了する。

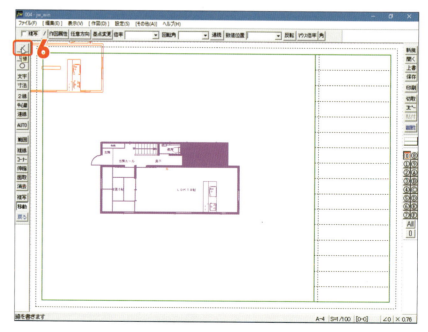

おぼえておこう

他のコマンドを選択するまではマウスポインタに移動要素が仮表示され、次の移動先をクリック指示することで再度移動できます。移動の結果、塗りつぶし部に重なる線や文字が隠れた場合は、🖱➚全体で作図ウィンドウを再表示してください。

5章 間取図を作図しよう

174　はじめて学ぶJw_cad 8

右の枠に文字を記入しよう

右の枠に、文字種5で、右図の文字を記入しましょう。

📖 書込文字種・文字の記入 ➡ p.104

📖 文字基点の変更 ➡ p.131

💡 **ヒント**

「㎡」は、「へいべい」と読みを入力し、変換キーを何度か押すことで変換できます。

1 » 「文字」コマンドを選択し、書込文字種を「文字種[5]」に、文字の基点を左下にする。

2 » 下図のように文字を記入する。

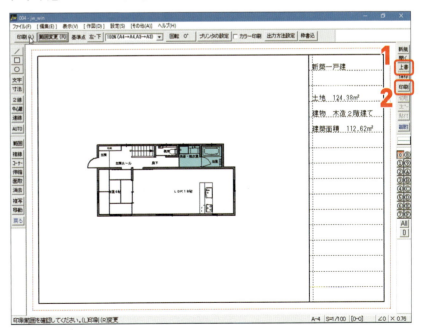

上書き保存して、印刷しよう

以上で図面は完成です。上書き保存し、完成した図面をA4用紙に印刷しましょう。

📖 印刷方法 ➡ p.78

📖 **おぼえておこう**

任意色のソリッドは、モノクロ印刷（コントロールバー「カラー印刷」のチェックなし）時も、指定した任意色で印刷されます。

1 » 「上書」コマンドを選択し、上書き保存する。

2 » 「印刷」コマンドを選択し、A4用紙に印刷する。

おぼえておこう

ブロック

Jw_cadには、複数の線・円・弧・実点・文字などの要素をひとまとまりとして扱う「ブロック」という概念があります。p.158〜で配置した衛生設備機器の図形は「ブロック」になっているため、右のような性質があります。

初心者を対象とした本書では「ブロック」について詳しくは解説しませんが、そのような概念があることをおぼえておいてください。

● ブロックとした複数の要素がひとまとまりとして扱われる

「消去」コマンドでブロック内の1本の線を🖱すると、ブロック全体が消去される

● ブロックの一部を編集することはできない

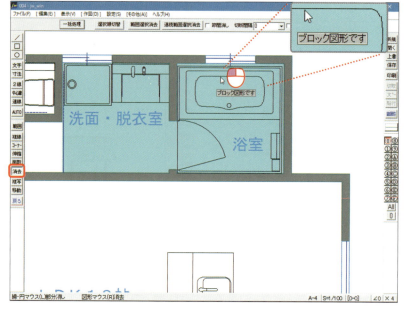

「消去」コマンドでブロック内の1本の線を🖱すると、 ブロック図形です と表示され、線の部分消しができない

ステップアップ講座

これまでに本書で学習した操作に関連する機能や一歩進んだ使い方を紹介します。

ステップアップ①

文字を消すには

文字は、線・円要素と同様、「消去」コマンドで🖱️して消します。ここでは、図面「004」の右の枠に記入されている文字を消去する例で説明します。

1 「消去」コマンドを選択する。

2 コントロールバー「選択順切替」ボタンを🖱️。

📖 おぼえておこう

消去する文字付近に線や円がある場合は、🖱️で線や円が消されることのないよう、コントロールバー「選択順切替」ボタンを🖱️し、文字を優先的に消去する【文字】優先選択消去モードにしたうえで、文字を🖱️します。「選択順切替」ボタンの🖱️で、【文字】優先選択消去と線等 優先選択消去が切り替わります。

3 消去対象の文字を🖱️。

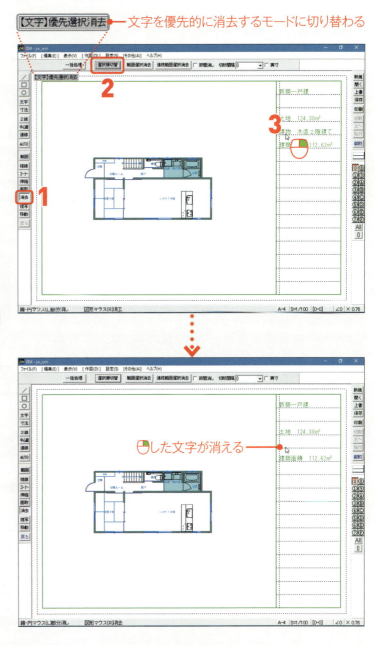

文字を優先的に消去するモードに切り替わる

🖱️した文字が消える

ステップアップ②

文字の位置を揃えるには

ここでは、図面「004」の部屋名「玄関」の位置を、隣の「玄関ホール」に揃える例で説明します。

1 「文字」コマンドを選択する。

2 揃える文字「玄関」を🖱（移動・変更）。

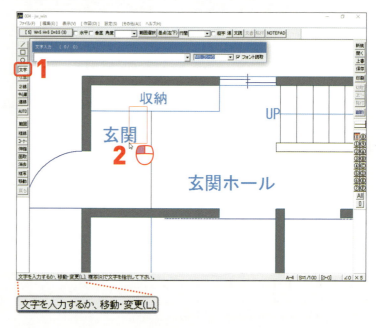

3 コントロールバーの「基点（左下）」を確認する。

4 コントロールバー「任意方向」ボタンを2回🖱し、「Y方向」にする。

おぼえておこう

コントロールバー「任意方向」ボタンを🖱で、移動の方向を「X方向」（水平方向に固定）⇒「Y方向」（垂直方向に固定）⇒「XY方向」（水平または垂直に固定）に切り替えできます。また、記入されている文字の左下と右下は、🖱で読み取りできます。

5 移動先として、文字「玄関ホール」の左下を🖱。

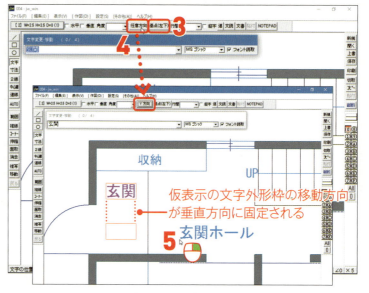

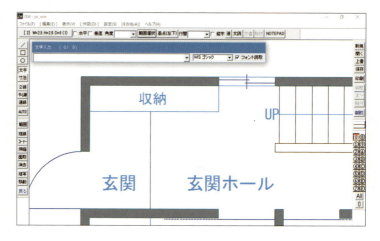

ステップアップ③
文字を書き替えるには

ここでは、図面「002」に記入した「幅：1000mm」を、「幅：1000 〜 1200mm」に書き替える例で説明します。

1 「文字」コマンドを選択し、書き替える文字を🖱。

📖 おぼえておこう
「文字」コマンドで「文字入力」ボックスに入力せずに既存の文字を🖱すると、文字の移動・変更になります。

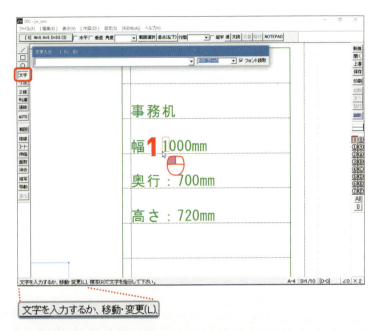

2 「文字変更・移動」ボックスに色反転して表示される文字の「1000」と「mm」の間を🖱し、入力ポインタを移動する。

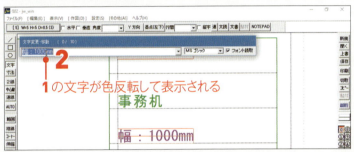

3 キーボードから「〜 1200」を入力し、「幅：1000 〜 1200mm」にする。

4 コントロールバー「基点(左下)」ボタンを確認する。

5 [Enter]キーを押して変更を確定する。

📖 おぼえておこう
現在の基点を基準に文字の記入内容が変更されます。変更前と変更後の文字数が変わる場合、基点に注意してください。

5で[Enter]キーを押さず別の位置をクリックすると、文字内容の変更とともに移動も行えます。[Enter]キーで確定した場合、文字位置を変更せず記入内容のみ変更されます。

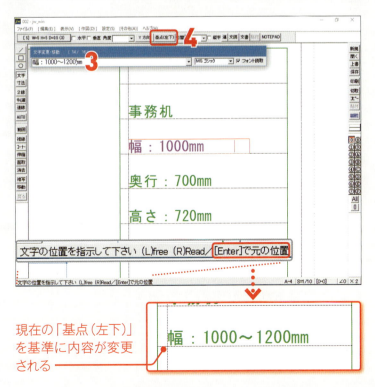

現在の「基点(左下)」を基準に内容が変更される

179

ステップアップ④
寸法の寸法値だけを書き替えるには

寸法値を書き替えるには、「寸法」コマンドの「寸法値」で、書き替えたい寸法値を🖱🖱します。ここでは、図面「002」の机の幅の寸法値「1,000」を、「横幅：1,000 〜 1,200」に書き替える例で説明します。

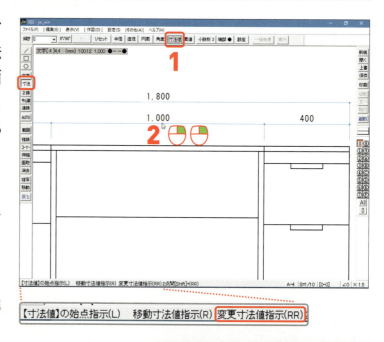

1 「寸法」コマンドを選択し、コントロールバー「寸法値」ボタンを🖱。

2 変更対象の寸法値を🖱🖱。

❓ 🖱🖱すると 図形がありません と表示され次へ進めない ➡ p.199 Q25

3 「寸法値を変更してください」ダイアログの「寸法図形を解除する」にチェックを付ける。

📖 **おぼえておこう**

🖱🖱した寸法値が寸法図形（➡ p.119）の場合、必ずこのチェックを付けます。🖱🖱した寸法値が寸法図形でない場合、「寸法図形を解除する」はグレーアウトされ、チェックは付けられません。

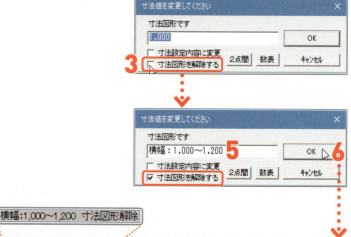

4 キーボードの 半角/全角 キー（➡ p.7）を押し、日本語入力を有効にする。

5 「寸法値」ボックスの数値「1,000」を「横幅：1,000 〜 1,200」に書き替える。

6 「OK」ボタンを🖱。

📖 **おぼえておこう**

3のチェックを付けたため、画面左上に 横幅:1,000〜1,200 寸法図形解除 と表示されます。寸法図形は解除され、文字要素（寸法値）と線要素（寸法線）に分解されます。

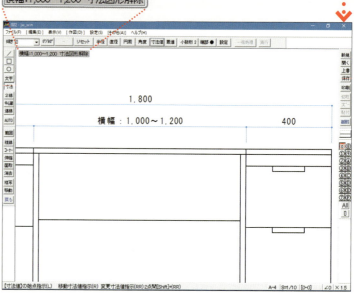

ステップアップ⑤
既存の線の線色・線種を変更するには

作図されている線・円・弧の線色・線種は、「属性変更」コマンドで変更できます。ここでは、図面「004」の玄関ドアの開きの線色・線種（線色6・実線）を、「線色5・点線2」に変更する例で説明します。

1 メニューバー［編集］-「属性変更」を選択する。

2 「線属性」コマンドを選択し、書込線を「線色5・点線2」にする。

3 コントロールバー「線種・文字種変更」にチェックが付いていることを確認し、変更対象の線を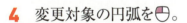。

おぼえておこう

「属性変更」コマンドの「線種・文字種変更」では、🖱した線・円・弧の線色・線種を書込線と同じ線色・線種に変更します。

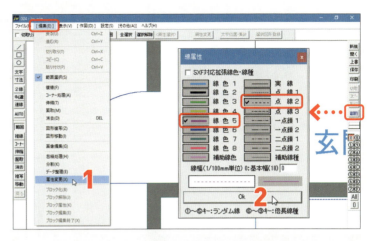

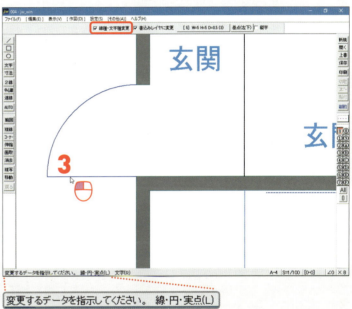

4 変更対象の円弧を🖱。

おぼえておこう

同じ間取図内のトイレ、洗面台などの衛生設備機器の線は、ブロック（⇨ p.176）になっているため線色・線種を変更することはできません。また、寸法図形（⇨ p.119）の寸法線も線色・線種を変更できません。

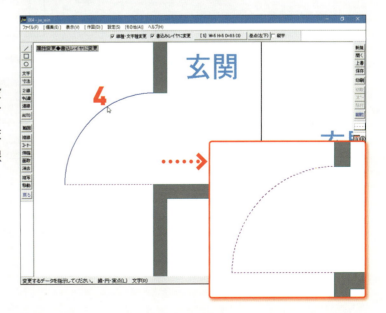

181

ステップアップ⑥

図面の一部分を印刷するには（印刷範囲の調整）

「印刷」コマンドの印刷枠を移動することで、印刷する部分を調整できます。ここでは、p.119でA3用紙に作図した図面「003」の左半分を、A4用紙に印刷する例で説明します。

1 「印刷」コマンドを選択し、「印刷」ダイアログでプリンタ名を確認して、「OK」ボタンを🖱。

2 必要に応じてコントロールバー「プリンタの設定」で用紙サイズ「A4」と印刷の向き「縦」を指定し、「範囲変更」ボタンを🖱。

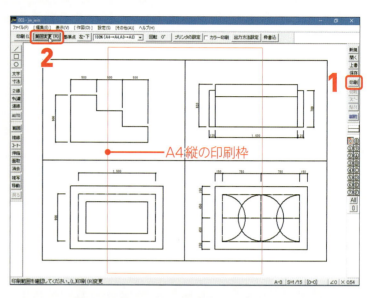

A4縦の印刷枠

📖 おぼえておこう

コントロールバー「範囲変更」ボタンを🖱すると、印刷枠がマウスポインタに従い移動します。このときの印刷枠に対するマウスポインタの位置を「基準点」と呼び、コントロールバー「基準点」ボタンを🖱することで、「左・下」⇒「中・下」⇒「右・下」⇒「左・中」…と9カ所に切り替えできます。

3 コントロールバー基準点「左・下」ボタンを5回🖱し、「右・中」にする。

4 マウスポインタを移動し、印刷枠に図面左半分が入ることを確認し、枠中心の交点を🖱。

5 コントロールバー「印刷」ボタンを🖱し、印刷する。

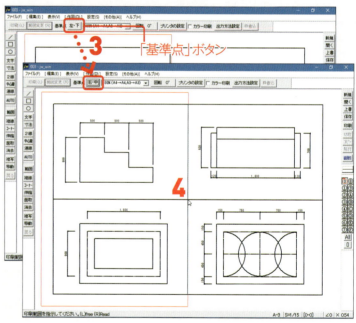

「基準点」ボタン

📖 おぼえておこう

この図面を上書き保存した場合、**3**〜**4**で変更した印刷枠の位置もともに保存されます。ただし、印刷の用紙サイズとその向きは保存されません。

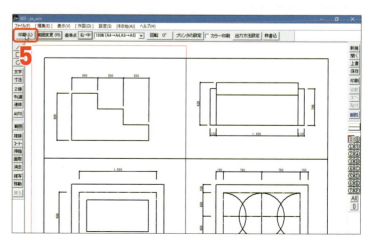

ステップアップ⑦

A3用紙に作図した図をA4用紙に縮小印刷するには

「印刷」コマンドのコントロールバーの指定で、71%縮小して印刷します。p.119の図面「003」を、A4用紙に縮小印刷する例で説明します。

1 「印刷」コマンドを選択し、「印刷」ダイアログでプリンタ名を確認して、「OK」ボタンを🖱。

2 コントロールバー「プリンタの設定」ボタンを🖱し、「プリンターの設定」ダイアログで用紙「A4」、印刷の向き「横」を選択して、「OK」ボタンを🖱。

3 コントロールバー「印刷倍率」ボックスの▼を🖱し、「71%（A3→A4,A2→A3)」を選択する。

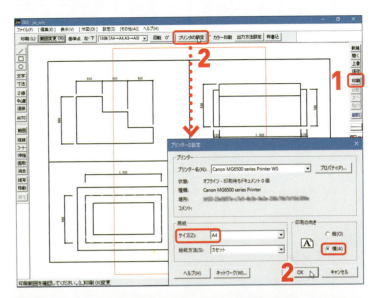

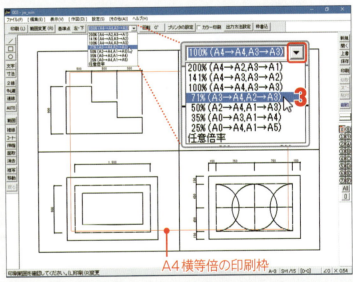

A4横等倍の印刷枠

4 A4の印刷枠の大きさが印刷倍率に準じて変化するので、必要に応じてコントロールバー「範囲変更」ボタンを🖱し、印刷枠の位置を調整した後、コントロールバー「印刷」ボタンを🖱して、印刷する。

📎 印刷範囲の調整 ➡ p.182

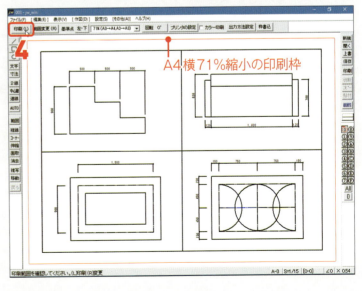

A4横71%縮小の印刷枠

📖 おぼえておこう

この図面を上書き保存した場合、**3**で指定した印刷倍率や、**4**で調整した印刷枠の位置もともに保存されます。ただし、印刷の用紙サイズとその向きは保存されません。

ステップアップ⑧
塗りつぶし（ソリッド）を消去するには

ソリッドも「消去」コマンドで消去します。ここでは、図面「004」のソリッドを個別に消去する例と、すべてのソリッドを一括消去する例で説明します。

■ ソリッドを個別に消去

1 「消去」コマンドを選択する。
2 消去対象のソリッドを🖱。

❓ 🖱したソリッドの一部分だけが消える
➡ p.203 Q36

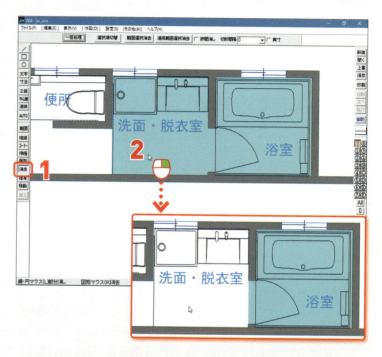

■ ソリッドを一括消去

1 「消去」コマンドのコントロールバー「範囲選択消去」ボタンを🖱。
2 選択範囲の始点を🖱。
3 図面全体を選択範囲枠で囲み終点を🖱。

📖 おぼえておこう

次ページの 4 ～ 5 の操作で、ソリッドを消去対象として選択するため、この段階では、選択範囲枠内のすべての要素が選択色になってかまいません。

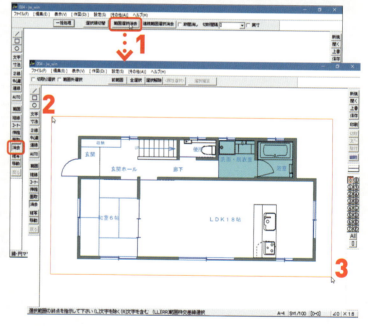

4 コントロールバー「＜属性選択＞」ボタンを🖱。

5 ダイアログの「ソリッド図形指定」にチェックを付け、「OK」ボタンを🖱。

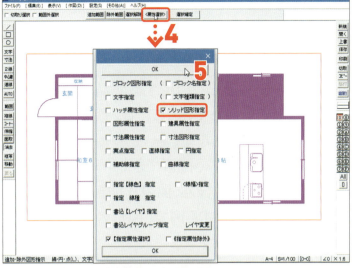

6 ソリッドのみが選択色になっていることを確認し、コントロールバー「選択確定」ボタンを🖱。

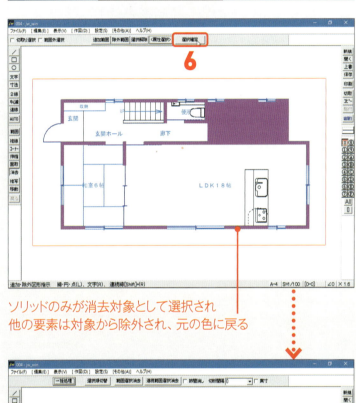

ソリッドのみが消去対象として選択され他の要素は対象から除外され、元の色に戻る

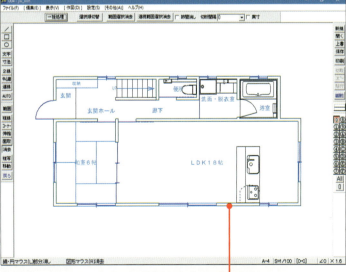

ソリッドのみが消去される

📖 おぼえておこう

ソリッドの消去操作を「戻る」コマンドで取り消すと、復元したソリッドに重なる線や文字が隠れて表示されます。その場合は、ズーム操作(🖱↘ 拡大 や 🖱↗ 全体 など)を行い、画面を再表示してください。

185

ステップアップ⑨
作図した図を図形登録するには

多くの図面で共通して利用する部品を図形として登録しておくことで、毎回同じものを作図しなくても、その都度図面上に読み込み、配置できます。ここでは、図面「004」の玄関の片開き戸を図形として登録する例で、図形の登録手順を説明します。

1 メニューバー[その他]-「図形登録」を選択する。

2 登録対象の選択範囲の始点として、右図の位置で🖱。

3 表示される選択範囲枠で片開き戸を右図のように囲み、終点を🖱。

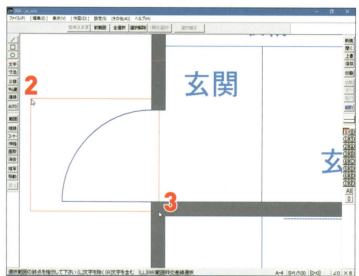

4 登録対象の片開き戸が選択色になったことを確認し、コントロールバー「選択確定」ボタンを🖱。

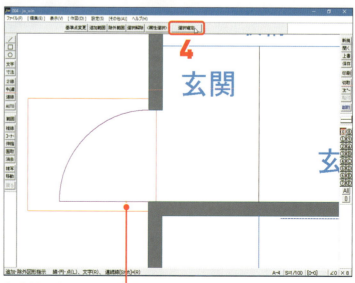

自動的に決められた基準点に赤い○が表示

5 図形読込時の基準点として、片開き戸の吊元を🖱。

📖 **おぼえておこう**

4の時点で自動的に決められた基準点を図形の基準点として利用する場合は、**5**の操作は省いて**6**を行います。

6 コントロールバー「《図形登録》」ボタンを🖱。

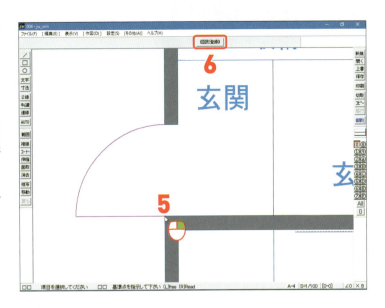

7 フォルダツリーで図形の登録先フォルダー（ここでは「jww8F」フォルダー内の「《図形》間取図用」フォルダー）を選択する。

📖 **おぼえておこう**

図形登録時の「ファイルの種類」ボックスの形式で図形登録されます。「ファイルの種類」ボックスが「.jws」であることを確認して、**8**以降の操作を行ってください。

8 「新規」ボタンを🖱。

9 「新規作成」ダイアログの「名前」ボックスに図形名（ここでは「door」）を入力し、「OK」ボタンを🖱。

以上で図形登録は完了です。

メニューバー[その他]-[図形]を選択し、「ファイル選択」ダイアログで、登録した図形を確認しましょう。

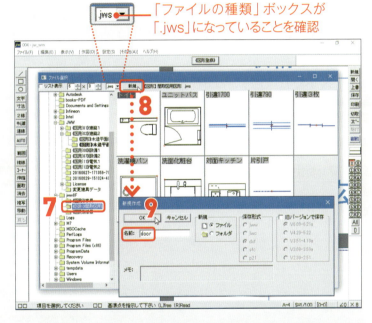

「ファイルの種類」ボックスが「.jws」になっていることを確認

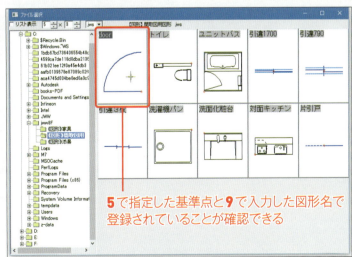

5で指定した基準点と**9**で入力した図形名で登録されていることが確認できる

ステップアップ⑩
作図した図の長さや幅を変更するには

すでに作図してある図と同じ形状で幅の異なる図を作図する場合、「パラメトリック変形」コマンドを利用すると便利です。ここでは、図面「002」に作図した机の横幅を1000から800に変更する例で、操作手順を説明します。

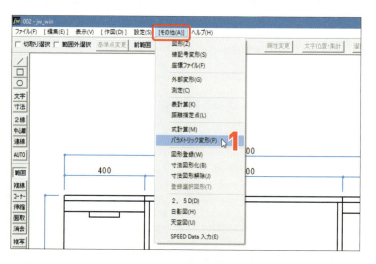

1 メニューバー[その他]の「パラメトリック変形」を選択する。

2 選択範囲の始点として右図の位置で🖱。

3 表示される選択範囲枠で、右図のように寸法も含めて机の右側を囲み、終点を🖱。

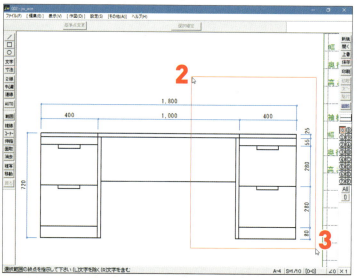

📖 おぼえておこう

この図の寸法は寸法図形のため、終点を🖱（文字を除く）します。寸法図形でない寸法を選択する場合には、終点は🖱（文字を含む）してください。選択範囲枠に全体が入る要素が選択色で、片端点が入る線が選択色点線で表示されます。

4 コントロールバー「選択確定」ボタンを🖱。

📖 おぼえておこう

この後の指示で選択色の要素が移動し、それに伴い選択色点線の線が伸縮します。

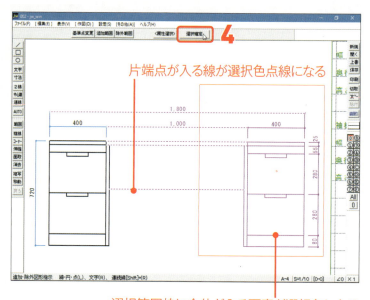

片端点が入る線が選択色点線になる

選択範囲枠に全体が入る要素が選択色になる

5 コントロールバー「数値位置」ボックスに「−200,0」(左に200移動、上下に0移動)を入力し、Enterキーを押して確定する。

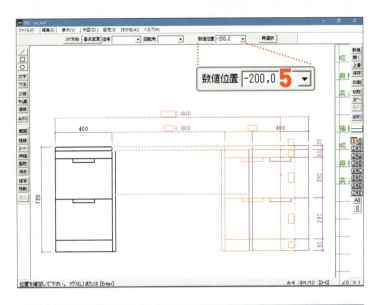

おぼえておこう

「数値位置」ボックスに「横方向(X)の移動距離(mm)」と「縦方向(Y)の移動距離(mm)」を「,」(カンマ)で区切って入力します。左と下への移動距離は−(マイナス)値で指定します。

6 「／」コマンドを選択し、パラメトリック変形を終了する。

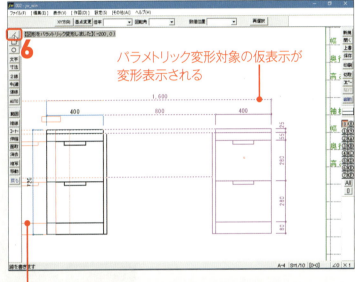

パラメトリック変形後も、パラメトリック変形対象の仮表示がマウスポインタまで変形表示される

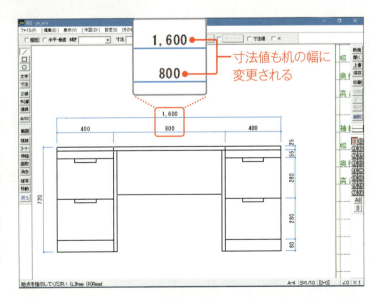

おぼえておこう

寸法図形(⇒ p.119)の寸法値は常に寸法線の実寸法を表示するため、寸法線の長さを変更するとその寸法値も自動変更されます。p.107「寸法設定」ダイアログの「寸法線と値を【寸法図形】にする…」にチェックを付けずに机の寸法を記入した場合には、寸法値は変更されません。

本書の解説どおりにならない場合のQ&A

操作結果が本書の解説どおりにならない場合や、解説どおりの操作ができない場合に参照してください。

Q1 p.9
CD-ROMのウィンドウの開き方がわからない

Windowsに標準で用意されているエクスプローラーを起動し、表示される「DVD（またはCD）」ドライブを🖱🖱することで、CD-ROMのウィンドウを開いてください。

1 「スタート」ボタンを🖱し、表示されるメニューから「エクスプローラー」を🖱。

2 エクスプローラーで、「DVD（またはCD）」ドライブを🖱🖱。

タスクバーのエクスプローラーを🖱してもよい

Q2 p.11
「エラー…」と表記された「Jw_cadのInstaller情報」ウィンドウが表示される

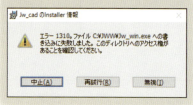

旧バージョン（バージョン7.11以前）のJw_cadがパソコンにインストールされていることが原因です。

「中止」ボタンを🖱し、続けて開く「キャンセルしますか？」と表記されたウィンドウで「はい」ボタンを🖱して、インストールを中断してください。

p.204を参照して、旧バージョンのJw_cadをアンインストールした後、付録CD-ROMからJw_cadをインストールしてください。

Q3 p.12 / p.13

Windowsのスタートメニューに「Jw_cad」が表示されない

p.12の**2**で、スタートメニューに表示される「J」欄の「Jw_cad」フォルダを🖱すると、その下に「Jw_cad」が表示されます。その「Jw_cad」を🖱して、p.12の**4**以降の操作を行ってください。

Win10 ▶

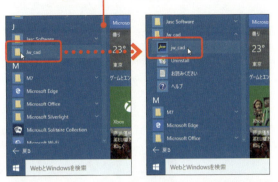

スクロールバーで表示メニューをスライド

Win8 ▶ p.13の**2**でスタートメニュー下の⊙(すべてのアプリ)を🖱し、表示されるアプリ一覧から「Jw_cad」を見つけて、p.13の**2**以降の操作を行ってください。

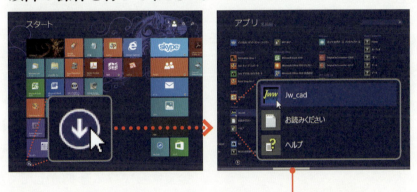

スクロールバーで表示画面をスライド

Win7/Vista ▶ p.13の**2**で「すべてのプログラム」を🖱し、表示される「Jw_cad」フォルダを🖱することで、その下に「Jw_cad」が表示されます。その「Jw_cad」を🖱して、p.13の**3**以降の操作を行ってください。

Q4 p.17
「線属性」バーがツールバーから飛び出している

以下の手順で「線属性」バーを右のツールバーに入れてください。

1. 「線属性（2）」バーの幅が広い場合は、左端にマウスポインタを合わせ、カーソル形状が⇔に変わった時点で🖱➡（左ドラッグ：左ボタンを押したまま右方向に移動）し、「線属性（2）」バーの表示幅を半分にする。

2. 「線属性（2）」バーのタイトル部を🖱➡（左ドラッグ）し、「メインツール」バーと「レイヤ」バーの区切り線上でボタンをはなす。

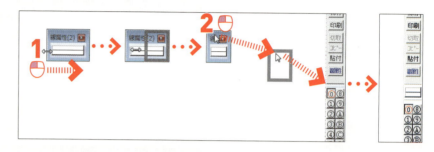

Q5 p.22
🖱した「○」コマンドが、選択されない（凹表示にならない）

ツールバーの「○」コマンドを🖱後、マウスボタンから指をはなす前にマウスを動かしていることが原因です。マウスボタンをはなすより先にマウスを動かすと、ドラッグ操作と見なされるため、コマンドは選択されません。
ツールバー「○」コマンド上で🖱後、マウスボタンの指をはなしてからマウスを動かしてください。

Q6 p.24
「／」コマンドで始点を🖱後、仮表示の線が水平線または垂直線にしかならない

「／」コマンドのコントロールバー「水平・垂直」にチェックが付いていることが原因です。
「水平・垂直」を🖱し、チェックを外してください。

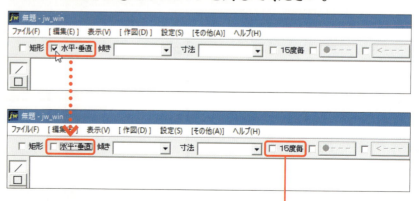

また、「15度毎」にチェックが付いていると作図する線の角度が15度ごとに固定されるので、チェックを外した状態にする

Q7 p.27
「／」コマンドで🖱すると、 点がありません と表示される

🖱した付近に読み取りできる点がないため、このメッセージが表示されます。
読み取りする点に正確にマウスポインタの先端を合わせ、再度🖱してください。また、🖱で読み取り可能な点については、p.27の「おぼえておこう」で確認してください。

Q8 p.27
「／」コマンドで🖱するところを間違えて🖱した

「戻る」コマンドを🖱して、間違えた🖱指示を取り消した後、再度🖱で指示し直してください。

↪「戻る」コマンド ⇨ p.31

Q9 p.30
「消去」コマンドで、指示した円や線が消えず、色が変わった。またはその一部だけが消えた

🖱で線・円を指示すべきところを🖱指示したことが原因です。🖱は線の一部分を消す指示です（⇨ p.42）。
「戻る」コマンドを🖱して、間違えた🖱指示を取り消した後、消去対象を🖱で指示し直してください。

↪「戻る」コマンド ⇨ p.31

Q10 p.42
「消去」コマンドで線を🖱したら、線の色が変わらずにその線の一部が消えた

「消去」コマンドのコントロールバー「節間消し」にチェックが付いていることが原因です。
「戻る」コマンドを🖱し、操作を取り消したうえで、「節間消し」のチェックを外し、部分消しの対象線を🖱してください。

↪「戻る」コマンド ⇨ p.31

Q11 p.45

「複線」コマンドで基準線を🖱したが、平行線が仮表示されない

以下の①〜③を確認してください。

①コントロールバー「複線間隔」ボックスに正しい間隔が入力されているか?

正しい数値が入力されている場合 ⇒ ②へ
「複線間隔」ボックスが空白になっている ⇒ 以下を行う

対象線を🖱した可能性があるので、「複線間隔」ボックスを🖱し、正しい数値を入力する。

なお、キーボードの数字キーを押しても数値が入力されない場合は、Num Lockキーを押し、テンキー(10key)での数字入力を有効(ナンバーロック)にするか、またはキーボード上の段の数字キーから入力する。

②画面を拡大表示しているために仮表示の平行線が画面に表示されていない可能性がある。🖱↗全体(⇨ p.75)で、用紙全体表示をする。

全体表示をしても仮表示されない場合 ⇒ ③へ

③メニューバー[設定]-「基本設定」を選択し、「jw_win」ダイアログの「一般(2)」タブの「m単位入力」にチェックが付いていないか確認する。このチェックが付いていると、入力した数値は、mm単位ではなく、m単位での指定になる。チェックが付いていた場合には、このチェックを外し、「OK」ボタンを🖱する。

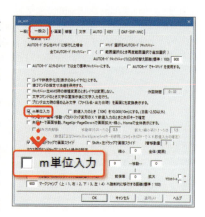

Q12 p.45 / p.46
「複線」コマンドで基準線を誤って🖱️した

基準線を🖱️すると、コントロールバー「複線間隔」ボックスが空白になり、入力ポインタが点滅した数値入力状態になります。ここで、キーボードから複線間隔を入力してください。入力した間隔で複線が仮表示されます。

Q13 p.49
「伸縮」コマンドで🖱️🖱️した線の色が変わらず、線上に赤い○が表示される

赤い○の位置で線が切断されている

🖱️と🖱️の間にマウスが動いたため、🖱️🖱️ではなく、🖱️2回と見なされたことが原因です。
「伸縮」コマンドでの🖱️は、🖱️位置で線を切断して2本にします。画面に表示された赤い○は切断位置を一時的に表示しています。🖱️を2回したため、2カ所で線を切断しています。「戻る」コマンドを2回🖱️し、切断前に戻したうえで、改めて基準線を🖱️🖱️しましょう。
また、このように切断した線は、「データ整理」の「連結整理」（⇨ p.130）でまとめて1本に連結することができます。

Q14 p.54 / p.137
「jww8F」フォルダーが見つからない

「jww8F」フォルダーは、付録CD-ROMから教材データをインストールしていないと表示されません。p.11を参照し、教材データをインストールしてください。インストール済みの場合には、「ファイル選択」ダイアログで他のドライブやフォルダーが表示されている可能性があります。以下の操作でCドライブを表示し、「jww8F」フォルダーを選択してください。

1 スクロールバーを🖱️⬆️し、フォルダツリーでCドライブを表示する。

2 ⊞📁 C:（フォルダーのアイコンだがCドライブを示す）を🖱️🖱️し、Cドライブ内のフォルダーを表示する。

3 「jww8F」フォルダーを🖱️。

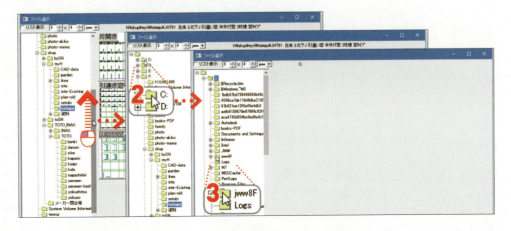

Q15 p.58

保存したはずの図面「001」が見つからない

保存したフォルダーとは、違うフォルダーを開いていませんか? Jw_cadの「ファイル選択」ダイアログのフォルダツリーでは、前回、図面を保存または開いたフォルダーが開きます。「001」を保存後、他のフォルダーから図面を開くなどの操作をした場合、そのフォルダーが開いています。
フォルダツリーで「jww8F」フォルダーを選択してください。「jww8F」フォルダーが見つからない場合は、「Q14」を参照してください。

Q16 p.72

「複線」コマンドで、作図方向を🖱で指示しても、1つ前の複線と連結されない

1つ前の複線の作図方向指示時に🖱し、 計算できません と表示されたか、あるいは「戻る」コマンドや Esc キーで操作を取り消した後であることが原因です。
作図方向指示時の🖱(前複線と連結)は、複線を連続して作図する場合にのみ有効です。1つ前の作図方向指示時に🖱し、 計算できません とメッセージが表示された場合(基準線が前複線と平行線の場合に連結できないため、このメッセージが表示される)、あるいは「戻る」コマンドや Esc キーで作図操作を取り消した場合、次の複線は1本目の複線と見なされるため、作図方向指示時の🖱(前複線と連結)は利用できません。

Q17 p.73

拡大操作をしたら、画面から図が消えた。または図が移動した

図が消えたのは、何も作図されていない範囲を🖱↘で拡大表示したためです。図が移動したのは、🖱↘にならずに🖱(両ボタンクリック)したことが原因です。🖱は 移動 と表示され、🖱した位置が作図ウィンドウの中心になるよう表示画面を移動します。
作図ウィンドウで🖱↗ 全体 (⇨ p.75)し、用紙全体表示にしたうえで、再度拡大操作を行ってください。

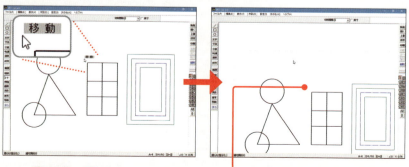

🖱 移動 は🖱位置が作図ウィンドウの中心になるように画面を移動する

Q18 p.75

拡大表示しても、円弧の端点が水平線からはみ出て表示される

拡大率によって、はみ出して表示される場合があります。さらに円弧の端点の周りを拡大表示してください。何度拡大表示をしてもはみ出て表示される場合には以下の①～②の設定を確認し、適宜、変更してください。

①メニューバー[表示]を🖱し、プルダウンメニューの「Direct2D」にチェックが付いていたら、🖱してチェックを外す。

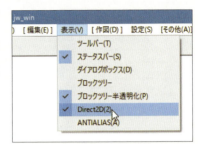

②メニューバー[設定]-「基本設定」を選択し、「jw_win」ダイアログの「色・画面」タブの「端点の形状」を確認する。「四角」になっている場合は、▼を🖱し、表示されるリストから「丸」を選択して「丸」に変更する。
「端点の形状」が「丸」になっていてはみ出して表示される場合は、円弧の終点を🖱ではなく🖱して作図している。円弧を消して書き直す。

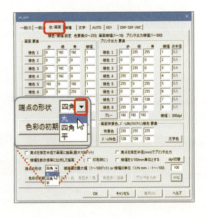

Q19 p.79

「カラー印刷」のチェックを付けてもカラーにならない。または、本書とはまったく違う色になる

カラー印刷色の設定が標準とは異なる設定になっています。以下の操作を行い、標準設定(初期値の設定)に変更してください。

1 メニューバー[設定]-「基本設定」を選択し、「jw_win」ダイアログの「色・画面」タブの「色彩の初期化」ボタンを🖱。

2 「プリンタ出力色」ボタンを🖱。

3 「OK」ボタンを🖱。

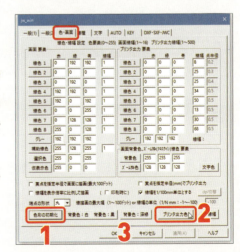

Q20 p.87
作図した複線の本数や、最終行の間隔が図と異なる

p.83で作図した印刷枠から50mm内側に作図した複線が、図面枠の外枠です。印刷枠の大きさは、使用しているプリンタ機種によって異なるため、図面枠の外枠の大きさもそれぞれ異なります。そのため、複線の本数や最終行の間隔は、本書の図と同じになるとは限りません。

Q21 p.92
Shiftキー＋🖱️↑で作図ウィンドウがスライドしない

Shiftキーを押すより先にマウスのボタンを押すと働きません。また、Shiftキー＋🖱️↑をしてスライドされるかを確認してください。それでスライドされる場合は、基本設定が原因です。

本書の解説と同じにする場合は、メニューバー［設定］-「基本設定」を選択し、「jw_win」ダイアログの「一般(2)」のタブの「Shift+両ドラッグで画面スライド」にチェックを付け（「Shift+左ドラッグで画面スライド」のチェックが外れる）、「OK」ボタンを🖱️してください。

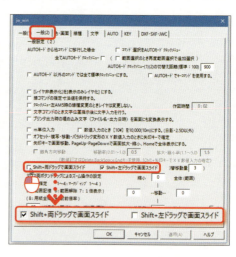

Q22 p.99
机の脚の線も選択色になった

範囲選択枠に、机の脚の線全体を入れて終点を🖱️したことが原因です。
「戻る」コマンドを🖱️して、終点指示をやり直してください。

Q23 p.103
データ整理後に表示される数値が本と異なる

間違えて線を切断した部分や二重に作図した部分がある場合は、本書の画面より大きい数値が表示されますが、データ整理後の作図操作に支障はありません。そのまま、先に進んでください。

本書の画面より小さい数値が表示される場合、p.91～で矩形を作図するとき、🖱️するところを🖱️(free)で指示し、矩形の線どうしが重なっていない可能性があります。拡大表示して確認してください。

Q24 p.105
文字記入したい位置が、「文字入力」ダイアログで隠れて🖱できない

「文字入力」ダイアログを移動します。「文字入力」ダイアログのタイトルバーにマウスポインタを合わせて🖱↓（ドラッグ）し、移動先でマウスボタンをはなしてください。

Q25 p.116 / p.180
「寸法」コマンドの「寸法値」で寸法値を🖱（または🖱🖱）すると、図形がありませんと表示され移動（または書き替え）できない

拡大表示した状態で寸法値の中央や上部にマウスポインタを合わせて🖱したことが原因です。
寸法値の下部にマウスポインタを合わせて🖱してください。

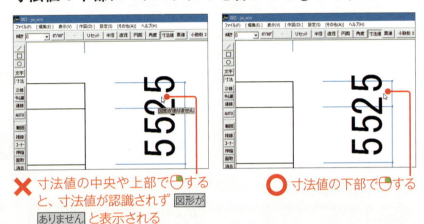

✕ 寸法値の中央や上部で🖱すると、寸法値が認識されず 図形がありません と表示される

◯ 寸法値の下部で🖱する

Q26 p.118
寸法線端部の実点が印刷されない。または小さい

実点の印刷サイズが小さいため、印刷されていないように見えます。
「基本設定」ダイアログの「色・画面」タブで、線色ごとの点半径をmm単位で指定することで対処します。

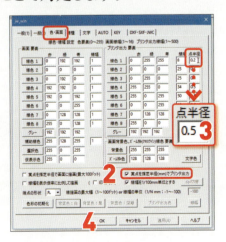

1 メニューバー［設定］-「基本設定」を選択する。

2 「色・画面」タブを🖱し、「実点を指定半径（mm）でプリンタ出力」にチェックを付ける。

3 印刷されない（または小さい）実点の線色の「点半径」ボックスを🖱し、実点の半径として現在の数値よりも大きい数値（mm）を入力する。

4 「OK」ボタンを🖱。

Q27 p.118
「002への変更を保存しますか?」と表記されたメッセージウィンドウが開く

編集操作を行った後に上書き保存をしていない場合、それらの編集操作の結果が破棄されるため、このメッセージウィンドウが開きます。
必要に応じて、「はい」ボタン(保存してから新規作成画面にする)、「いいえ」ボタン(保存をせずに破棄して新規作成画面にする)、「キャンセル」ボタン(「新規」コマンドをキャンセルする)を🖱して進めてください。

Q28 p.124 / p.173
「消去」または「移動」コマンドの範囲選択で、文字が選択されない

選択範囲の終点を🖱していることが原因です。終点を🖱(文字を除く)すると、選択範囲枠内の文字要素は選択されません。
Escキーを押して終点指示前に戻し、選択範囲の終点を🖱(文字を含む)してください。

選択範囲の終点を指示して下さい (L)文字を除く (R)文字を含む

Q29 p.127 / p.133
目盛が表示されない

p.127の操作を再度行い、設定した目盛間隔が適切か、「実寸」のチェックが外れていないか、「OFF」にチェックが付いていないかを確認し、正しく設定してください。
正しく設定しても表示されない場合は、以下の操作を行ってください。

1 ステータスバー「表示倍率」ボタンを🖱。
2 「画面倍率・文字表示 設定」ダイアログの「目盛 表示最小倍率」ボタンを🖱。

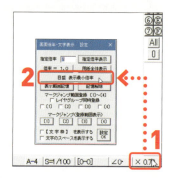

目盛の表示間隔に対して現在の作図ウィンドウでの表示倍率が小さい場合、目盛が表示されません。上記操作を行うことで、目盛表示可能な最小倍率で作図ウィンドウが表示されます。

Q30 p.148

水平線と円弧でうまく角が作れない

円弧と直線が下図のように交差していない場合、円弧は半分より🖱位置に近い端点を延長して角を作るため、円弧の🖱位置によって下図のような結果になります。
円弧の🖱は、角を作る端点に近い位置で🖱してください。また、直線どうしで角を作る場合と同様、両者の交点に対して線・円弧を残す側で🖱してください。

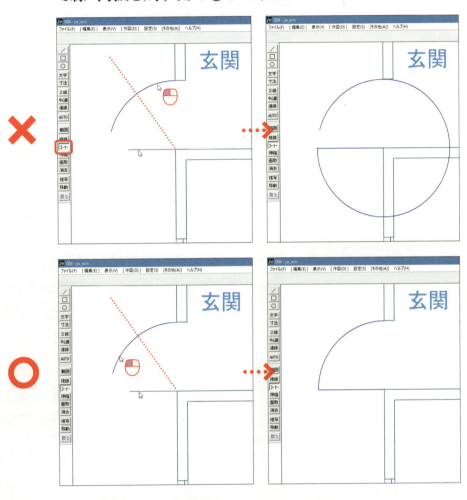

Q31 p.162

「コーナー」コマンドで、🖱（線切断）した線が消えた

コントロールバー「切断間隔」ボックスに「0」以外の数値が入力されていることが原因です。
🖱した位置を中心に、「切断間隔」ボックスで指定の間隔（図寸mm）を部分消しして切断します。🖱した線の長さが「切断間隔」ボックスで指定の間隔よりも短い場合には、線全体が消えます。「戻る」コマンドを🖱して線が消える前に戻し、「切断間隔」ボックスの数値を「0」にしたうえで、🖱（切断）をやり直してください。

Q32 p.164
ブロック図形です と表示され、角が作れない

壁の線（線色7）ではなく、ユニットバスの扉の線（線色2）を🖱したことが原因です。ユニットバスは、ひとまとまりで扱われるブロック（⇨ p.176）です。その一部である扉の線を「コーナー」コマンドで編集することはできないため、ブロック図形です と表示されます。

十分に拡大表示をしたうえで、壁の線を🖱してください。

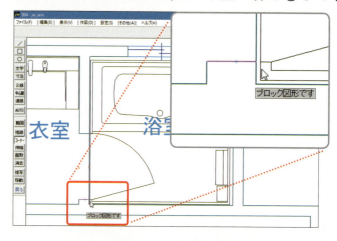

Q33 p.167
補助線以外の要素が選択色になる

p.167の **5** の操作時に、属性選択のダイアログの「≪指定属性除外≫」にチェックが付いていたことが原因です。Esc キーを押して **3** 以降の操作を取り消してください。**3** 以降の操作をやり直し、**5** の操作時に、「【指定属性選択】」にチェックを付けて「OK」ボタンを🖱してください。

《指定属性除外》にチェックが付いていると、選択した要素からチェックを付けた補助線を除外する

Q 34 p.170

塗りつぶし対象の外形線を🖱すると、計算できません または 4線以上の場合、線が交差した図形は作図できません と表示され塗りつぶせない

p.169の図面でこのメッセージが出るのは、壁の外形線とは違う線（閉じた連続線の一部ではない線）を🖱していることが原因です。

🖱する外形線付近を十分に拡大表示したうえで🖱してください。

p.169の図面とは別の図面の塗りつぶし時にこのメッセージが出る場合、上記の原因のほかに、塗りつぶし範囲の形状に問題があることも考えられます。閉じた連続線の内部であっても、外形線が交差していたり、複雑な形状だと、塗りつぶせないことがあります。その場合、単純な形状に分割して塗りつぶすなどの工夫が必要です。

Q 35 p.172

塗りつぶした範囲の線や文字が、ソリッドに隠れてしまう

画面表示の際の描画順序が、ソリッドを最後に描画する設定になっていると、ソリッドに重なる線・円・文字などの要素は、ソリッドに隠れて表示・印刷されません。

メニューバー［設定］-「基本設定」を選択し、「jw_win」ダイアログの「一般(1)」タブの「画像・ソリッドを最初に描画」にチェックを付けて「OK」ボタンを🖱してください。ソリッドに重なる要素が表示されるようになります。

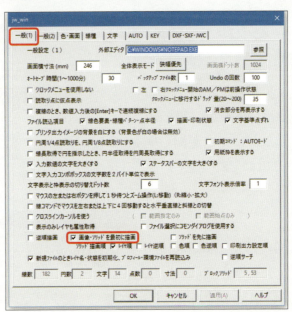

Q 36 p.184

🖱したソリッドの一部分だけが消える

そのソリッドの塗りつぶし時に、コントロールバー「曲線属性化」にチェック（⇨ p.169）を付けていなかったことが原因です。
残ったソリッドをそれぞれ🖱して消すか、p.184「ソリッドを一括消去」の方法で消してください。

● Jw_cadをアンインストールする方法

Jw_cadのアンインストールが必要な場合は、以下の手順でアンインストールしてください。

1 [Windows]キー（⇨p.7）を押したまま[X]キーを押す。

※ Windows 10/8では、**1**の操作の代わりに「スタート」ボタンの🖱でも可。

2 表示されるショートカットメニューの「コントロールパネル」を🖱。

3 「コントロールパネル」ダイアログの「プログラムのアンインストール」を🖱。

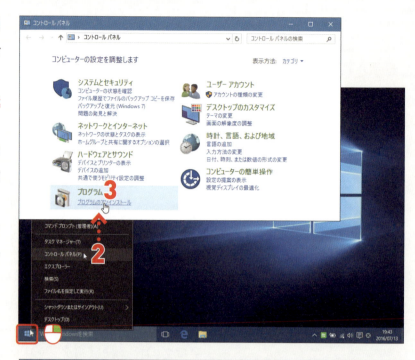

4 「プログラムと機能」ダイアログの「Jw_cad」を🖱して選択する。

5 「アンインストールと変更」ボタンを🖱。

6 「Jw_cadのアンインストールを行いますか？」と表記されたウィンドウが開くので、「はい」ボタンを🖱。

※「場所が利用できません」ウィンドウが開いた場合は「OK」ボタンを🖱する。

7 右図の「Jw_cad Install」ウィンドウが開いたら「OK」ボタンを🖱。

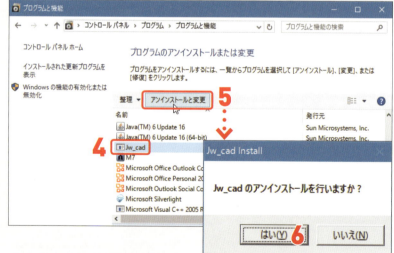

以上でJw_cadのアンインストールは完了です。Jw_cadのアンインストールではプログラム本体と関連ファイルが削除されます。他のデータファイルを含む「jww」フォルダーとデスクトップのショートカットは削除されずに残ります。Jw_cadバージョン8.01bのインストールに支障はありません。

索引

記号・数字

(L) free	27
(R) Read	26、27
(RR)	49
／コマンド	24
▶ ----＞	153
▶ 15度毎	192
▶ 傾き	38
▶ 水平・垂直	28、38
▶ 寸法	37
□コマンド	128
▶ 寸法・基点	91、92
▶ ソリッド	172
○コマンド	22
▶ 円弧	73、147
▶ 半径・基点	40

アルファベット

Backspaceキー	7
Ctrlキー	7
Deleteキー	7
Direct2D	15
Enterキー	7
Escキー	7
Jw_cad画面	20
Jw_cadのショートカット	12、13
Jw_cadを起動	14
Jw_cadを終了	19、33、55
jws	187
jww	55
m²	175
m単位入力	194
NumLockキー	194
Shiftキー	7、92、198
Windowsキー	7

ア行

アンインストール	204
アンドゥ 参照▶ 戻るコマンド	
移動コマンド	173
色反転	7
印刷コマンド	78
▶ 印刷倍率（縮小印刷）	183
▶ カラー印刷	79
▶ 範囲変更	182
▶ プリンタ設定	78
▶ 枠書込	83
印刷線幅の設定	76
印刷の実点サイズ	199
印刷の用紙サイズと向き	78
印刷枠	78、83
インストール	9
上書コマンド・上書き保存	80、103
円弧を作図 参照▶ ○コマンド ▶ 円弧	
円を作図	
▶ 指定半径の円 参照▶ ○コマンド ▶ 半径・基点	
▶ 任意半径の円 参照▶ ○コマンド	

カ行

書込線	59
書込文字種	104
拡大表示 参照▶ ズーム操作 ▶ 拡大	
拡張子	55
角を作る 参照▶ コーナーコマンド	
壁の一括作図	135
画面拡大 参照▶ ズーム操作 ▶ 拡大	
画面縮小 参照▶ ズーム操作 ▶ 縮小	
画面の移動	196
画面をスライド	92、198
キーボード	7
基本設定	18
▶ 一般（1）タブ	19、203
▶ 一般（2）タブ	194、198
▶ 色・画面タブ	77、197、199
距離測定	56
矩形の基準点	92
矩形を作図 参照▶ □コマンド	
クリック	6
グリッド 参照▶ 目盛	
計算できません	203
交点	27
コーナーコマンド	63、148、163、201
▶ 線切断	162
コントロールバー	20、21

サ行

最大化	14
作図ウィンドウ	20
軸角・目盛・オフセット設定ダイアログ	127
軸角ボタン	127
実点の印刷サイズ	199
縮尺	36
縮尺変更	
▶ 図寸固定	125
▶ 文字サイズ固定	120
縮小表示 参照▶ ズーム操作 ▶ 縮小対象に追加・除外	
消去コマンド	30
▶ 選択順切替	177
▶ 範囲選択消去	123、167
▶ 部分消し	42
ショートカットを作成	12、13
除外選択 参照▶ 範囲選択 ▶ 対象に追加・除外	
伸縮コマンド	
▶ 基準線まで伸縮	49、146
▶ 基準線を変更	52
▶ 指定点まで伸縮	85、156
▶ 線切断	195
水平・垂直線	28
数値・文字入力	7
数値入力	
▶ 計算式を入力	151
▶ 無指定	39
ズーム操作	80
▶ 拡大	73、75
▶ 縮小	96
▶ 全体	75
▶ 前倍率	100
図形がありません	199
図形コマンド	137、165
▶ 回転角・90°毎	141
▶ 図形選択	140
▶ 倍率（左右反転）	144
図形登録コマンド	186
図形の基準点	138、187

205

進むコマンド	34
図寸	104
スタートボタン	12、190
ステータスバー	20、21
図面の上書き保存 参照→ 上書コマンド	
図面の保存	53、88
図面ファイルを開く 参照→ 開くコマンド	
図面を別名で保存	126
スライド	92
寸法コマンド	
▶「ー」	108
▶「＝」	112
▶傾き・0°/90°	114
▶寸法値	116、180
▶設定	107
▶リセット	111
寸法図形	119
寸法線と引出線の色 参照→ 寸法コマンド▶設定	
寸法値	
▶移動	116
▶書き替え	180
▶文字種 参照→ 寸法コマンド▶設定	
寸法の記入	108、112、114
寸法の矢印・点色 参照→ 寸法コマンド▶設定	
線	
▶一部を消去 参照→ 消去コマンド▶部分消し	
▶作図 参照→ ／コマンド	
▶消去 参照→ 消去コマンド	
▶伸縮 参照→ 伸縮コマンド	
▶切断	162
▶太さ（線幅）	76
▶平行複写 参照→ 複線コマンド	
線色・線種	59
▶変更 参照→ 属性変更コマンド	
線属性コマンド	59
線属性バー	17、59、192
前倍率 参照→ ズーム操作▶前倍率	
操作メッセージ	21、22
属性	202
属性選択	167、185、202
属性変更コマンド	149、181
測定コマンド	56
ソリッド	168
▶色の指定	168、170
▶円・連続線指示	169、170
▶曲線属性化	169
▶消去	184

タ行

タイトルバー	20
多角形コマンド▶任意（塗りつぶし）	168
ダブルクリック	6
端点	27
端点の形状	197
中心線コマンド	89
追加選択 参照→ 範囲選択▶対象に追加・除外	
ツールバー	16、20
データ整理コマンド	102
▶重複整理	103
▶連結整理	130
点がありません	193
点を読み取る	26、27
閉じるボタン	55
ドラッグ	6、73、80、92

ナ行

名前を付けて保存	53

日本語入力を有効にする	180
塗りつぶし 参照→ ソリッド	

ハ行

バージョン	8、9、190
パラメトリック変形コマンド	188
範囲選択	99
▶対象に追加・除外	124
▶文字を含む	123、173、200
範囲選択消去	123、167
半角/全角キー	7、180
表示倍率ボタン	200
開くコマンド	58、123
ファイル	55
ファイル選択ダイアログ	54
フォルダー	54
複写コマンド	99
▶基点変更	100
▶範囲選択	99
複線コマンド	44
▶前複線と連結	70
▶留線付両側複線	136
▶範囲選択	135
▶連続	86
ブロック	176
ブロック図形です	176、202
補助線種	82
補助線だけをまとめて消去	167
保存コマンド	88

マ行

マウス操作	6
マウスポインタ	20
メニューバー	20
目盛	127
目盛表示最小倍率	200
目盛を非表示	157
目盛を表示	127、133
文字コマンド	104
▶書込文字種	104
▶基点	131、154
▶文字の移動	166、178
▶文字の変更（書き替え）	179
▶履歴リスト	106
文字の記入 参照→ 文字コマンド	
文字のサイズ	104
文字の消去（文字優先選択消去）	177
戻した作業を復帰 参照→ 進むコマンド	
戻るコマンド	31

ヤ行

矢印付きの線を作図	153
用紙サイズ	36
用紙全体表示 参照→ ズーム操作▶全体	
用紙枠	19、20

ラ行

リドゥ 参照→ 進むコマンド	
両クリック	196
両ドラッグ	6、80
履歴リスト	39、47、106

ワ行

ワイド画面	20

送付先FAX番号：03-3403-0582　　メールアドレス：info@xknowledge.co.jp

FAX質問シート
はじめて学ぶ Jw_cad 8

以下を必ずお読みになり、ご了承いただいた場合のみご質問をお送りください。

- 「本書の手順通り操作したが記載されているような結果にならない」といった本書記事に直接関係のある質問のみご回答いたします。「このようなことがしたい」「このようなときはどうすればよいか」など特定のユーザー向けの操作方法や問題解決方法については受け付けておりません。
- 本質問シートでFAXまたはメールにてお送りいただいた質問のみ受け付けております。お電話による質問はお受けできません。
- 本質問シートはコピーしてお使いください。また、必要事項に記入漏れがある場合はご回答できない場合がございます。
- メールの場合は、書名とFAX質問シートの項目を必ずご入力のうえ、送信してください。
- ご質問の内容によってはご回答できない場合や日数を要する場合がございます。
- パソコンやOSそのもの、ご使用の機器や環境についての操作方法・トラブルなどの質問は受け付けておりません。

ふりがな

氏　名　　　　　　　　　　　　　　　　年齢　　　　歳　　性別　男　・　女

回答送付先（FAXまたはメールのいずれかに○印を付け、FAX番号またはメールアドレスをご記入ください）

FAX　・　メール

※送付先ははっきりとわかりやすくご記入ください。判読できない場合はご回答いたしかねます。電話による回答はいたしておりません。

ご質問の内容　※例）186ページの手順4までは操作できるが、手順5の結果が別紙画面のようになって解決しない。

【本書　　　　　ページ　～　　　　　ページ】

ご使用の Jw_cad のバージョン　　※例）8.01b　（　　　　　　　　）

ご使用の Windows のバージョン（以下の中から該当するものに○印を付けてください）

　　　　10　　　　　8.1　　　　　8　　　　　7　　　　　Vista

● 著者

Obra Club（オブラ クラブ）

設計業務におけるパソコンの有効利用をテーマとしたクラブ。
会員を対象に Jw_cad に関するサポートや情報提供などを行っている。
http://www.obraclub.com/

《主な著書》
『やさしく学ぶ Jw_cad ☆ デラックス』
『Jw_cad を仕事でフル活用するための 88 の方法』
『Jw_cad のトリセツ』
『Jw_cad 電気設備設計入門』
『Jw_cad 空調給排水設備図面入門』
『Jw_cad のコツ』
『101 のキーワードで学ぶ Jw_cad』
『CAD を使って機械や木工や製品の図面をかきたい人のための Jw_cad 製図入門』
『やさしく学ぶ SketchUp』
　（いずれもエクスナレッジ刊）

はじめて学ぶ Jw_cad 8

2016年9月12日　初版第1刷発行
2020年6月25日　　　第4刷発行

著　者　　Obra Club

発行者　　澤井 聖一

発行所　　株式会社エクスナレッジ
　　　　　〒106-0032　東京都港区六本木7-2-26
　　　　　http://www.xknowledge.co.jp/

● 問合せ先
編　集　　前ページのFAX質問シートを参照してください。
販　売　　TEL 03-3403-1321 ／ FAX 03-3403-1829 ／ info@xknowledge.co.jp

無断転載の禁止
本誌掲載記事(本文、図表、イラスト等)を当社および著作権者の承諾なしに無断で転載(翻訳、複写、データベースへの入力、インターネットでの掲載等)することを禁じます。

©2016　Obra Club